ALI TAGHIKHAN
DANIEL LIPKE
STEFAN KOBLITZ

WIE ERFOLGREICHE TRADER DENKEN UND HANDELN

GRUNDLAGEN UND STRATEGIEN FÜR ERFOLGREICHES TRADING

ALI TAGHIKHAN
DANIEL LIPKE
STEFAN KOBLITZ

WIE ERFOLGREICHE TRADER DENKEN UND HANDELN

GRUNDLAGEN UND STRATEGIEN FÜR ERFOLGREICHES TRADING

FBV

Bibliografische Information der Deutschen Nationalbibliothek
Die Deutsche Nationalbibliothek verzeichnet diese Publikation in der Deutschen Nationalbibliografie.
Detaillierte bibliografische Daten sind im Internet über **http://dnb.d-nb.de** abrufbar.

Für Fragen und Anregungen:
info@finanzbuchverlag.de

1. Auflage 2017

ein Imprint der Münchner Verlagsgruppe GmbH,
Nymphenburger Straße 86
D-80636 München
Tel.: 089 651285-0
Fax: 089 652096

Redaktion: Judith Engst
Lektorat: Sonja Rose
Umschlaggestaltung: Manuela Amode
Umschlagabbildung: Rawpixel.com/shutterstock.com
Satz: ZeroSoft, Timisoara
Druck: Florjancic Tisk d.o.o., Slowenien
Printed the EU

ISBN Print 978-3-95972-018-2
ISBN E-Book (PDF) 978-3-96092-018-2
ISBN E-Book (EPUB, Mobi) 978-3-96092-019-9

INHALT

VORWORT

Als das Händler-Team von ATT-Trading Ende 2015 beschlossen hatte, ein Buch zu schreiben, setzte es sich das Ziel, ein Fachbuch zu verfassen, das einen umfassenden Einblick in den professionellen Handel gewährt und die wichtigsten Grundlagen des Handels vermittelt. Dieses Buch ist nicht nur für Börsenneulinge geeignet, sondern auch für fortgeschrittene Trader, die vielleicht das langfristige Ziel noch nicht erreicht haben, dauerhaft profitabel an der Börse zu handeln.

Bei ATT-Trading ist der Team-Gedanke ein ganz entscheidender Punkt und genau deshalb konnte dieses Buch entstehen. Die Autoren möchten sich deswegen bei Christian Storch und Mike Hermstedt bedanken, die sowohl beim Text als auch bei den Grafiken mitgeholfen haben. Ein besonderer Dank gilt auch Ioannis Alexiou, der in den vergangenen Monaten intensiv die Betreuung der ATT-Schüler übernommen hat, so dass die Autoren mehr Zeit hatten, dieses Buch fertigzustellen.

Das Händler-Team von ATT Trading ist sich sicher, dass dieses Buch einen sehr großen Mehrwert für Ihr persönliches Trading liefern wird und wünscht Ihnen nun viel Spaß beim Lesen.

THEORIETEIL

»Wissen ist Macht«
Sir Francis Bacon

I

KAPITEL 1: BÖRSENHANDEL - EINLEITUNG

Irgendwann im Leben kommen die meisten Menschen mit dem Thema Börse in Berührung. Dax und Co. sind in unserem Alltag allgegenwärtig. Über die Entwicklung an den Finanzmärkten wird täglich im Fernsehen und in allen Tageszeitungen berichtet. Selbst wer nur einen Termin mit seinem Bankberater hat, kommt um das Thema Börse nicht herum, denn egal, wie die persönliche Vermögenslage aussieht: Jede Bank bietet verschiedene Produkte an, die letzten Endes von den Entwicklungen an den Finanzmärkten abhängig sind.

In unserer Gesellschaft ist es also sehr leicht, vom Börsenfieber erfasst zu werden. Und wer einmal angefangen hat, sich mit Aktien oder anderen spekulativen Anlagen zu beschäftigen, dem fällt es nicht ganz leicht, dieses Thema wieder loszulassen. Gleichzeitig ist der Zugang zum Handel an den Börsen dieser Welt durch das Internet und den elektronischen Handel für jedermann sehr leicht. Jede Bank und jeder Online-Broker nimmt gern neue Kunden an, auch bei geringen Vorerfahrungen und kleinem Vermögen. Jeder kann an der Börse spekulieren gleichgültig, ob das Konto 2.000 oder 2 Millionen Euro aufweist.

Es gibt also für den Börsenhandel keine Aufnahmekriterien, und jeder ist herzlich eingeladen, mit dem Trading sofort anzufangen. Und genau hier liegt auch schon das erste große Problem eines Trading-Anfängers. Er kann ohne Fachwissen so ziemlich jedes Produkt handeln, das sein Broker anbietet, von Aktien und Devisen bis hin zu Futures und CFDs. Unerfahrene Kunden nehmen diese Einladung dankend an, denn schließlich kann das Trading doch gar nicht so schwer sein. Mal steigen die Kurse und mal fallen sie wieder. Und wenn man sich entsprechend positioniert, gewinnt man in beiden Fällen. Auch die Tatsache, dass die ersten Trades auf dem Demokonto sehr einfach Gewinne gebracht haben, verstärkt diese Haltung. Das Geld liegt quasi auf der Straße und man muss sich nur noch bücken, um es aufzuheben.

Sobald der Trading-Anfänger aber vom Demokonto zum echten Konto wechselt und mit seinem eigenen Geld handelt, wird er feststellen, dass plötzlich alles anders ist. Die Kurse laufen nun in den meisten Fällen gegen die eigene Prognose und er versteht die Welt nicht mehr. Diese Erfahrung macht jeder Trading-Anfänger, denn sobald echtes Geld auf dem Tisch liegt, nimmt man tatsächlich am Spiel der Spiele teil und landet schnell auf den Boden der Tatsachen. Spätestens an diesem Punkt werden wohl die meisten Börsenneulinge erkennen, dass sie sich vielleicht doch zunächst einmal einiges an Fachwissen aneignen müssen, bevor sie erfolgreich handeln können.

Mittlerweile gibt es eine sehr große Auswahl an Trading-Literatur, gleichzeitig werden von vielen Brokern Trading-Seminare veranstaltet. Und dann hat ein Einsteiger auch noch die Möglichkeit, sich in den diversen Trading-Foren im Internet anzumelden. An dieser Stelle baut sich bereits eine sehr große Hürde für den Trading-Anfänger auf: Er steht plötzlich einem ungeheuren Berg an Fachwissen gegenüber, denn es gibt unglaublich viele Möglichkeiten, die Märkte zu analysieren, und entsprechende viele Trading-Strategien. Manche Trader handeln mit dem Trend, manche gegen den Trend, andere verwenden eine Kombination aus verschiedenen Indikatoren, wieder andere schwören auf die Elliott-Wellen-Theorie. Zugleich handeln Trader auf der Grundlage ganz unterschiedlicher Zeiteinheiten. Scalper verwenden den Tick-Chart und halten ihre Positionen nur wenige Sekunden, Daytrader eröffnen und schließen Positionen immer am selben Tag und sind meistens nur wenige Stunden im Markt, und Swingtrader versuchen eine Performance zu erzielen, indem sie ihre Trades über mehrere Tage hinweg halten. Schließlich handelt jeder Trader ganz unterschiedliche Instrumente, von Aktien, Devisen und CFDs bis hin zu Futures, Optionsscheinen und anderen Hebelprodukten.

Von all diesem Fachwissen und den ganz unterschiedlichen Handelssystemen kann man als Anfänger erschlagen werden. Daher gilt es nun herauszufinden, welches System und welche Handelslogik am besten zu einem selbst passt. Gibt es vielleicht sogar unnötiges Fachwissen, das einem nur teuer verkauft wird? Was ist denn nun das richtige Buch für den Betreffenden und bei welchem Seminar erlernt derjenige das Trading wirklich?

Allerdings ist dies noch längst nicht die größte Schwierigkeit. Was das Handeln an der Börse für die meisten Menschen so schwierig macht, ist die mentale Komponente. Trading wird sehr häufig als »Mental Game« bezeichnet, und egal, wie unterschiedlich die Handelssysteme von erfolgreichen Tradern auch sind – alle stimmen darin überein, dass erfolgreiches Handeln an der Börse von der eigenen Psyche abhängig ist.

In der Geschichte des Börsenhandels kam es immer wieder zu Spekulationsblasen, die anschließend mit einem Crash endeten. Menschen lassen sich allzu häufig von ihren Emotionen leiten und aus Gier und Euphorie kann an der Börse sehr schnell Angst und Panik werden. Die wohl berühmteste Spekulationsblase aller Zeiten ist die Tulpomanie, die sich im 17. Jahrhundert in Holland abspielte. Innerhalb von wenigen Jahren stieg der Preis für Tulpenzwiebeln so hoch, dass man am Ende des Tulpenfiebers sogar ein wunderschönes Haus in Amsterdam für eine einzige Tulpenzwiebel erhielt. Alle beteiligten sich an dieser Spekulationsblase und trieben die Preise für Tulpen über Jahre hinweg immer höher. Im letzten Jahr des Tulpenfiebers 1636/1637 verzehnfachte sich der Preis für eine Tulpenzwiebel. Doch Anfang 1637 nahm dann alles sehr schnell ein Ende. Innerhalb von wenigen Wochen brachen die Preise für Tulpen um über 95 Prozent ein.

Heutzutage kann man sich diese Ereignisse kaum noch vorstellen, aber die Geschichte wiederholt sich an der Börse immer wieder, nur sind es in der Gegenwart andere Anlageobjekte als damals. In den vergangenen 20 Jahren waren es die Internet-Aktien, US-Immobilien mit den passenden, verbrieften Hauskrediten und chinesische Aktien, die genauso wie die Tulpenzwiebeln im 17. Jahrhundert in Holland mit Euphorie und Gier gehandelt wurden und dann im Preis sehr tief gefallen sind. Um beim Trading nicht seinen Emotionen zu unterliegen, ist es für einen Händler immens wichtig, einen ganz genauen Plan zu haben, wie er seinen Handel jeden Tag durchführt.

Dieses Buch wird Ihnen zeigen, wie der professionelle Handel an der Börse funktioniert. Es ist deswegen so wertvoll, weil es von Tradern geschrieben wurde, die in den vergangenen Jahren den professionellen Handel erlernt haben und nun in einer Vermögensverwaltung arbeiten. Die Autoren dieses Buches wissen also ganz genau, wo am Anfang die Schwierigkeiten beim Trading liegen und was beim täglichen Handel an der Börse für den Erfolg entscheidend ist. Der Handelsansatz, der in diesem Buch vermittelt wird, ist auch nicht irgendein erfundener Ansatz, sondern derjenige Handelsansatz, der in den professionellen Instituten angewendet wird. Zugleich hebt sich dieses Buch von anderen ab, weil die Autoren sehr genau auf die Praxis eingehen.

Trading ist ein Handwerk, das jeder erlernen kann. Dieses Buch wird Ihnen dabei helfen, die Grundlagen des professionellen Börsenhandels Schritt für Schritt zu erlernen. Allerdings kann ein einziges Buch niemals eine komplette Ausbildung ersetzen, denn es benötigt sehr viel Zeit und harte Arbeit, den professionellen Börsenhandel zu erlernen.

Genau deswegen bietet ATT-Trading auch ein langfristiges Ausbildungskonzept an, bei dem die Schüler nach einer Intensivwoche nicht alleine gelassen, sondern weiterhin betreut werden.

II

KAPITEL 2: WERTPAPIERE/KAPITALMARKTPRODUKTE

Der heutige globalisierte Börsenhandel ist geprägt von einer Vielzahl an unterschiedlichen Finanzinstrumenten. Das Angebot reicht von sehr transparenten und gesetzlich regulierten Instrumenten bis hin zu aufwändig berechneten, die sich an spezielle Interessenten richten.

Finanzinstrumente unterscheiden sich allgemein darin, ob sie direkt handelbar sind oder über ein speziell dafür entwickeltes Kapitalmarktprodukt. Grundlegend unterteilt sich der Handel all dieser Instrumente in einen börslichen und einen außerbörslichen Handel. Der größte Unterschied hierbei ist die relativ höhere Sicherheit beim Börsenhandel durch eine staatliche Aufsicht und gesetzliche Regulierung. Auch ist im Börsenhandel Transparenz gegeben, im außerbörslichen Handel hingegen nicht. Einige Vorteile des außerbörslichen Handels liegen dagegen in der großen Produktpalette, der niedrigeren Kapitalbindung sowie der Anonymität.

Für den professionellen Handel eignen sich am besten liquide und transparente Finanzinstrumente, deren Preisbildung an einer Börse vor allem auf der Grundlage von Angebot und Nachfrage vonstattengeht. Dazu gehören vorwiegend börsengehandelte Wertpapiere, Devisen sowie einige Derivate.

1 Börsengehandelte Wertpapiere

Am häufigsten wird ein Trader im Börsenhandel auf direkt handelbare Wertpapiere treffen. Dazu zählen Aktien und Anleihen. Das liegt bei Aktien allein schon an der Vielzahl der an den weltweiten Börsen notierten Unternehmen sowie an den unzähligen Nachrichten über deren Geschäfte. Es liegt aber auch daran, dass in vielen Einzelwerten dieser Anlageklasse hohe Börsenumsätze durch private und institutionelle Anleger erfolgen. Viele börsennotierte Unternehmen begegnen dem Spekulanten auch im täglichen Leben und stellen dadurch nicht nur einen abstrakten Zahlenwert dar. Kurz gesagt, ist die Aktie seit jeher das am meisten anerkannte und das populärste Finanzinstrument.

Aktien sind Beteiligungsrechte an Unternehmen. An der Börse wird dieses Finanzinstrument direkt und allein auf der Grundlage von Angebot und Nachfrage gehandelt. Zahlreiche Aktien gehören an den Börsen zu den besonders liquiden Finanzinstrumenten. Vor allem amerikanische und große europäische Unternehmen werden intensiv gehandelt. Viele Aktien werden in bekannten Aktienindizes gelistet und zu einem einzigen Kurs zusammengefasst. Aktienindizes geben den allgemeinen Zustand des Aktienmarktes verlässlich wieder.

Für Trader sind Aktien aus mehreren Gründen ein sehr gutes Trading-Instrument. Zu Aktien gibt es unzählige Informationsquellen, die den Kurs selbst oder aber die Kursbildung betreffen. Die fundamentalen Kennzahlen sind aus rechtlichen Gründen zu jeder Aktie abrufbar. Auch gibt es zu fast allen Aktien bereits fertige fundamentale und technische Analysen. Es ist dadurch für jedermann ein Leichtes, Meinungen anderer zu recherchieren und sich mit ausreichender Übung selbst eine Meinung zu bilden und eine Entscheidungsgrundlage zu erarbeiten. Denn die Aktienkurse und die zugehörigen Chart-Darstellungen, auf deren Grundlage über die meisten Trades entschieden wird, können in großer Anzahl unkompliziert verfolgt und nach Wertigkeit selektiert werden. Für den Trader ist bei Aktien also die Vielfalt ein besonderer Vorteil gegenüber anderen Trading-Instrumenten. Aktien bilden dementsprechend den größten Anteil der von den Autoren gehandelten Wertpapierklasse.

Ein weiteres wichtiges börsengehandeltes Wertpapier ist die Anleihe. Sie kommt nur selten im technischen Trading zum Einsatz und wird von den Autoren nur in Form des deutschen Bund Future oder der US-amerikanischen Bonds gehandelt.

Anleihen stellen Forderungsrechte gegenüber Staaten und Unternehmen dar. Da es sich um festverzinsliche Wertpapiere handelt, kann der direkte Anleihehandel wegen der Zinsen für langfristige Geldanlagen von Interesse sein, jedoch eher nicht fürs kurzfristigere Trading. Der größte Teil des direkten Anleihehandels erfolgt außerbörslich zwischen Banken und Zentralbanken. Anleihen von wirtschaftlich bedeutenden Staaten sind für den professionellen Handel in Form einer finanziellen Kennzahl, dem sogenannten Zinsindex, vorzugswürdig. Nur für große Wirtschaftsnationen, wie z. B. Deutschland und die USA, findet ein liquider Börsenhandel von Staatsanleihen als Derivat (Futures auf Staatsanleihezinsen) statt.

2 Wechselkurse und Waren

Neben Wertpapieren werden an Börsen auch Wechselkurse von Währungspaaren[1] und verschiedenste Waren direkt gehandelt. Wechselkurse sind das liquideste und flexibelste Handelsinstrument für Trader. Das ist darauf zurückzuführen, dass der größte Teil dieses Handels durch Banken und Investmentgesellschaften betrieben wird. Dazu kommt als Besonderheit die zeitlich fast ununterbrochene Handelbarkeit. Somit bewirkt hier der Nachrichtenfluss einen schnelleren Ausgleich von Angebot und Nachfrage und eine genauere Kursbildung. Dadurch ergeben sich unter Umständen viele für den Trader vorteilhafte technische Situationen. Allerdings geht die flexible Handelbarkeit einher mit einem sehr anspruchsvollen Niveau für den Trader. Denn regional bedeutsame Einflüsse oder die Handlungen besonders finanzstarker Marktteilnehmer wie Investmentbanken und das finanzpolitische Vorgehen von Zentralbanken können große Auswirkungen auf Kursbewegungen einzelner Währungen haben. Mit den richtigen Fertigkeiten verfügt ein Trader trotzdem mit Wechselkursen über eines der lukrativsten Trading-Instrumente.

Der Warenhandel an den Börsen betrifft vorwiegend Welthandelsgüter wie Erdöl, Agrarprodukte, aber auch Metalle. Die historisch gewachsene Bedeutung als direkter Handelsgegenstand ist mittlerweile gegenüber Aktien und Wechselkursen stark in den Hintergrund getreten und für private Trader unpraktisch. Allein der Handel mit Derivaten auf Waren ist praktikabel.

Beide Anlageklassen sind im Vergleich zu Aktien stärker von Spekulationen verschiedenster globaler Interessenrichtungen sowie der weltweiten Nachrichtenlage beeinflusst. Das macht deren Handel für Trader anspruchsvoller, jedoch nicht minder attraktiv.

3 Derivate

Neben den oben vorgestellten direkt handelbaren Finanzinstrumenten aus der Realwirtschaft sind die zahlreichen, zusätzlich vom Kapitalmarkt geschaffenen Finanzprodukte, die sogenannten Derivate, das zweite große Gebiet, auf dem Trader aktiv sind. Insgesamt hat der Derivatemarkt sogar weitaus mehr Handelsvolumen als der Aktienmarkt.

---

[1] FOREX: foreign exchange market

Derivate sind extra geschaffene Kapitalmarktprodukte, die sich auf andere Finanzinstrumente oder sonstige Zahlengrößen des Kapitalmarktes beziehen. Sie können zum Beispiel Wertpapiere, Devisen, Waren oder finanzielle Kennzahlen wie Zinssätze und Kurse von Aktienindizes als Basiswert haben. Einerseits werden für den Trader auf diese Weise finanzielle Kennzahlen überhaupt erst zu handelbaren Finanzinstrumenten geformt; hauptsächlich sind hier Kurse von Aktienindizes sowie Zinsen von Anleihen für Trader von Interesse. Andererseits werden die bereits direkt handelbaren Finanzinstrumente mit zusätzlichen Eigenschaften ausgestattet. Sie sind damit flexibler und lassen sich strategisch besser einsetzen. Oft kommt noch hinzu, dass der Kapitaleinsatz geringer ist als bei einem direkten Handel des zugrunde liegenden Finanzinstruments.[2]

Letztlich sind Derivate extra für Trader und für sonstige, intensiv im Börsenhandel tätige Institutionen entwickelt worden. Der Trader kann so Anlagealternativen finden, die an seine persönliche Markterwartung und Risikoneigung angepasst sind.

Das häufigste Derivat (gegenseitiger Vertrag) ist ein zu einem zukünftigen, festen Termin festgelegter Preis des Basiswerts (Terminkontrakt). Sofern keine weitere Bedingung für dieses Finanzinstrument gilt, werden diese Derivate im börslichen Handel Futures genannt. Ihre Kursbildung findet ebenfalls allein auf der Grundlage von Angebot und Nachfrage statt und ist an keine weiteren Bedingungen geknüpft als an den festen Endtermin für die Preisbildung. Bis zum Endtermin, dem Verfall, wird vom Trader die Preisbildung des Futures für den Basiswert gehandelt. Der am Verfallstag festgestellte Kurs für den Preis des Basiswerts hat hingegen kaum Relevanz für den Trader. Er profitiert ausschließlich von den Kursbewegungen bis zum Erreichen dieses Verfallstags.

Wegen dieser transparenten Gestaltung sind liquide, also häufig gehandelte Futures für den Trader besonders geeignete derivative Finanzinstrumente. Das gilt insbesondere für Futures auf große Aktienindizes wie Dax, Dow Jones Industrial Average, S&P 500 oder EuroStoxx 50, auf bedeutende Zinsindizes wie deutsche und US-amerikanische Anleihen (Euro-Bund-Future, 10 Year T-Note Futures) sowie auf Devisen und Waren.

Gerade die Futures auf Aktienindizes sind ein praktisches Handelsinstrument für den Trader. Kursbewegungen von Aktienindizes sind meist ausgeglichen und gut

[2] Hier ist die Margin gemeint, die bei bestimmten Produkten als Sicherheitsleistung beim Broker hinterlegt werden muss.

handelbar, da sie die Schwankungen von Angebot und Nachfrage aller im Index zusammengefassten Wertpapiere vereinen. Extreme Kursveränderungen einzelner Aktien spiegeln sich im Kurs des Aktienindex in etwas ausgeglichenerer Form wider. Futures machen aus diesen Finanzkennzahlen interessante Handelsinstrumente.

Gleiches gilt für die Zinsen auf Staatsanleihen. Sie geben die wirtschaftlichen Erwartungen einer sehr breiten Masse von Marktteilnehmern in Bezug auf ein ganzes Land wieder. Der Zins ist nicht handelbar und der Handel der Anleihe selbst erfordert einen recht hohen Kapitaleinsatz. Erst die äußerst liquiden Futures etwa auf die Zinsen deutscher und US-amerikanischer Staatsanleihen bedeuten für den Trader ein gutes Handelsinstrument, mit dem er agieren kann.

Ist ein Terminkontrakt an weitere Bedingungen geknüpft, so handelt es sich um eine Option. Bei einer Option steht es einer von beiden Vertragsparteien frei, diese am Fälligkeitstag auszuüben oder nicht, die andere dagegen – Stillhalter genannt – muss leisten, wenn besagter Vertragspartner das verlangt. Diese Bedingung ermöglicht bei Optionen einen spezielleren Einsatz als Futures. Dadurch geht aber die Transparenz dieser Finanzprodukte oft etwas verloren. Häufigste Bedingung ist neben zahlreichen weiteren Ausgestaltungen das zukünftige Kauf- oder Verkaufsrecht einer bestimmten Menge eines Basiswerts zu einem bestimmten Preis (Call- oder Put-Option). Der Trader legt sich so auf eine bestimmte Preisentwicklung eines Basiswerts fest. Im Gegensatz zu den Futures haben Optionen einen eigenen Preis, anstatt sich nahezu nach dem Preis des Basiswerts zu richten. Dieser Preis ist geringer als der des Basiswerts und verfolgt ihn relativ. Die Preisschwankungen des Basiswerts spiegeln sich im Preis der Option in dem Verhältnis höher wider, als der Preis der Option im Verhältnis zu einem Stück des Basiswerts steht. Kurz gesagt, wirkt sich dieses Verhältnis für den Trader in erhöhten Kursschwankungen des Optionspreises aus (Hebelwirkung). Dadurch sieht sich der Trader mit höheren Chancen und Risiken konfrontiert. Des Weiteren muss der Trader sich bewusst sein, dass die ohnehin schon schwankungsreichere Preisbildung einer Option komplizierter ist. Sie beruht neben Angebot und Nachfrage noch auf zahlreichen weiteren mathematischen Parametern, die im Wesentlichen mit der Frage zu tun haben, wie wahrscheinlich es denn ist, dass die Option bei Fälligkeit ausgeübt wird. Im Vergleich zu den Futures sind Optionen daher für professionelle Trader weniger interessant, weil es weitaus schwieriger ist, sie selbst zu analysieren.

Im außerbörslichen Handel sind insbesondere für private Trader praktische Finanzprodukte in Anlehnung an diese Derivate geschaffen worden. Am populärsten sind das reine Differenzgeschäft[3], abgekürzt CFD (contract for difference) und das ganz ähnliche außerbörsliche Termingeschäft (Forward). Ein CFD hat ein Wertpapier, eine Ware, Devise oder finanzielle Kennzahl als Basis und bildet den entsprechenden Kurs nach. Mit Differenzkontrakten kann ein Trader sowohl auf steigende als auch auf fallende Kurse des Basiswertes setzen. Damit wird auf unkomplizierte Weise fast jeder Basiswert in jede Richtung handelbar. Dazu kommt der niedrige Kapitaleinsatz (Margin), wodurch schon mit kleinerem Depotvolumen recht flexibel ein umfassender Börsenhandel betrieben werden kann. Forwards funktionieren ebenso und haben als zusätzliche Eigenschaft den Verfallstermin von ihrem Basiswert-Future.

Der Trader hat zu beachten, dass die Preisbildung allein vom Anbieter dieser Finanzprodukte vorgenommen wird und sich nur am Basiswertkurs orientieren muss. Zugleich ist der Anbieter alleinige Gegenpartei des Traders. Bei der Kursbildung gibt es aber verlässliche Modelle, bei denen sich der CFD-Kurs identisch zum Basiswert verhält. Darüber hinaus ist für den CFD-Handel, wie auch sonst im Börsenhandel, ein seriöser Broker grundlegend.

4 Kassa- und Terminmarkt

Aus den beiden großen Gebieten der direkt handelbaren Finanzinstrumente und der Finanzinstrumente mit abgeleiteten Rechten resultieren im Börsenhandel zwei Marktsegmente: der Kassa- und der Terminmarkt.

Am sogenannten Kassamarkt werden die Kurse zu Börsengeschäften mit einer maximalen Frist von zwei Tagen für die Pflichterfüllung gestellt. Das betrifft den direkten Handel von Finanzinstrumenten wie Aktien, Anleihen, Devisen und Waren. Hier findet regelmäßig die Ausführung des Kaufs oder Verkaufs sofort statt. Kauft der Trader beispielsweise bei seinem Broker Aktien einer börsennotierten Aktiengesellschaft, so befinden sich die Aktien bereits im Moment der Orderausführung in seinem Depot. Genauso unmittelbar wird beim Handel von Wechselkursen der direkte Kauf einer fremden Währung dem Depot als Guthaben gutgeschrieben. Dagegen spielt der Kassahandel von Waren für Trader keine Rolle, da nicht deren unmittelbare Lieferung, sondern allein die Gewinnerzielung aus

[3] CFD: Contract for Difference

Kursschwankungen im Mittelpunkt steht. Eine gehandelte Aktie kann theoretisch zeitlich unbegrenzt im Depot gehalten werden.

Teilweise wird der Kassahandel noch als Parketthandel direkt an der Börse via Börsenmakler abgewickelt. Größter Handelsplatz für Aktien in Deutschland ist die Frankfurter Börse mit ihrem öffentlichen Handelsparkett. Der überwiegende Teil findet aber computergestützt und damit vollelektronisch statt. Für den Aktienhandel in Deutschland ist Xetra eine solche Plattform, die sekundenschnell Käufe und Verkäufe von Handelsteilnehmern ausführt und die Kurse daraus berechnet.

Der Terminmarkt betrifft alle Börsengeschäfte mit einer längeren Pflichterfüllungsfrist als zwei Tage. Darunter fallen alle börsengehandelten Derivate wie Futures und Optionen. Aufgrund dieser Zukunftsorientierung spiegeln sich in den Kursen am Terminmarkt die Erwartungen der Marktteilnehmer noch mehr wider als am Kassamarkt. Das ist der Hauptgrund dafür, dass die Kurse eines Futures und dessen Basiswerts etwas auseinanderlaufen können.

In wirtschaftlicher Hinsicht ergänzt der Terminmarkt den Kassamarkt, indem durch festgelegte zukünftige Preise Unsicherheiten über Preisentwicklungen kalkulierbar gemacht werden. Trotz dieser wirtschaftlichen Funktion sind die meisten Marktteilnehmer am Terminmarkt nicht an einer Erfüllung der Verträge aus den Derivaten interessiert, sondern streben eine Glattstellung noch während der Laufzeit an, um dadurch Gewinne zu erzielen.

Ein sehr praktischer Vorteil des Terminmarkts im Vergleich zum Kassamarkt sind die längeren Handelszeiten. Dadurch hat der Trader mehr Möglichkeiten, auf Preisschwankungen zu reagieren. Während beispielsweise die Kursbildung des Dax am Kassamarkt Xetra um 17:30 Uhr beendet ist, können spätere kursbewegende Einflüsse vom Dax-Future am Terminmarkt noch bis 22:00 Uhr verarbeitet und vom Trader gehandelt werden. Hinzu kommt bei einem Future der finanzielle Vorteil, dass beim Broker meist nur ein Bruchteil des Wertes (die sogenannte Margin) hinterlegt werden muss. Im Gegensatz zu Kassageschäften können Derivate wegen ihrer begrenzten Laufzeit nur bis zum bestimmten Endtermin (Verfallstag) im Depot gehalten werden.

III

KAPITEL 3: BROKER

Die Wahl des Brokers ist für den Investoren von entscheidender Bedeutung. Hierbei sollte er verschiedene Kriterien beachten. Vor allem muss die betreffende Depotbank den bestmöglichen Schutz für die Kundeneinlagen bieten. Zum einen sollte hier auf die Bonität des Brokers selbst geachtet werden, die aber insbesondere bei nicht börsennotierten Gesellschaften teilweise nur schwer einsehbar ist. Zum anderen bleibt auch der gesetzliche Einlagenschutz zu prüfen.

Da Depotbanken aus unterschiedlichen Ländern in Deutschland aktiv sind, greifen hier zum Teil deutlich voneinander abweichende Regelungen. Man sollte nur auf Broker zurückgreifen, die einen deutschsprachigen Service anbieten. Dies verhindert kostspielige Missverständnisse bei der Geldanlage. Auch sollten die Mitarbeiter über eine gute Ausbildung verfügen, damit den Anlegern bei Fragen schnell geholfen werden kann. Eine telefonische Erreichbarkeit mindestens während der Haupthandelszeiten in Deutschland versteht sich als Anforderung von selbst. Hierbei sollten Anbieter mit langen Warteschleifen möglichst vermieden werden, da im Notfall schneller Rat gefragt ist. Für Trader ist auch die Handelsplattform ein wichtiges Entscheidungskriterium. Diese muss übersichtlich sein und sich selbst aktualisierende Kurse und Charts ohne Zeitverzögerung liefern.

Für die schnelle Orderaufgabe sollte es gewisse Voreinstellungen geben, damit Sie Ihren Auftrag nach Möglichkeit mit nur einem Klick übermitteln können. Ebenfalls sind die Absturzsicherheit und der Schutz vor Hackerangriffen bei der Anbieterwahl zu prüfen. Erfüllt ein Anbieter beide Kriterien, so gilt es zwischen einem ECN-Broker und einen Market Maker zu wählen. Für den Kunden sind die Unterschiede zwischen diesen beiden Broker-Formen auf den ersten Blick zumeist nicht offensichtlich. Da allerdings die verschiedenen Aspekte keinesfalls für den

Trading-Erfolg zu unterschätzen sind, folgt in den nächsten Abschnitten dazu eine kurze Einführung.

1 ECN-Broker

Der ECN-Broker[4] bietet dem Trader den direkten, klassischen Zugang zur Börse oder zu anderen Handelsplattformen an. Hierbei wird der Auftrag direkt ins Orderbuch des jeweiligen Handelsplatzes weitergeleitet. Ist die Order ausführbar, so erhält der Trader in Bruchteilen einer Sekunde eine Ausführungsbestätigung. Liegt hingegen beispielsweise bei einer Limit-Order kein entsprechender Gegenauftrag vor, so wird die Order in dem jeweiligen Buch platziert. Sie bleibt dort stehen, solange der Auftrag ausführbar ist oder bis sie gelöscht wird. Der Broker handelt in diesem Fall nur im Auftrag des Kunden. Er nimmt in der Regel keine Kundenpositionen ins eigene Buch auf. Der Verdienst des Anbieters besteht zumeist aus den Kommissionen, die für jeden einzelnen Trade anfallen.

Weitere Einnahmequellen dieser Broker liegen unter anderem im Zinsgewinn für Wertpapierkredite oder in der Bereitstellung von Zusatzdienstleistungen. Kontoführungsgebühren oder Kosten für die Löschung von Limit-Aufträgen, wie sie noch von einigen Banken erhoben werden, sind bei Online-Anbietern leicht vermeidbar. Für den aktiven Trader, der zahlreiche Orderausführungen pro Tag hat, sind die Kommissionen extrem wichtig. Gerade wenn Positionen schnell geöffnet oder geschlossen werden, sollten die Gebühren, die für jede einzelne Transaktion anfallen, sehr genau verglichen werden.

Handelt ein Anleger beispielsweise zehn Orders pro Tag und zahlt jeweils über seinen Anbieter 15 Euro, so ergibt sich bei 20 Handelstagen im Monat ein Entgelt von 3.000 Euro in diesem Zeitraum. Kostet eine Order hingegen nur 6 Euro, so lassen sich die Kosten auf 1.200 Euro reduzieren. Da viele Heavy-Trader noch deutlich aktiver sind, können die unterschiedlichen Gebühren einen erheblichen Einfluss auf die Rendite haben. Allgemein lässt sich über die Höhe der Ordergebühren nicht auf die Qualität eines Brokers schließen. So bieten teurere Anbieter zumeist keinen Vorteil gegenüber Brokern, die auf Heavy-Trader spezialisiert sind und entsprechend günstige Orders anbieten.

---

4 electronic communication network

2 Market Maker

Der Market Maker leitet die Aufträge zumeist nicht an die Börse weiter, sondern wickelt diese über ein eigenes Dealing Desk ab. Wie das Wort Market Maker schon sagt – handelt es sich um einen »Markt-Macher«. Das Dealing Desk besteht zumeist aus einer Handelsabteilung, die selbstständig entscheidet, welche Trades der betreffende Broker auf eigene Rechnung durchführt.

Nicht selten gehen Market Maker Gegenpositionen zum Kunden ein und nehmen diese ins eigene Buch. Dies ist insbesondere bei CFD-Anbietern der Fall, die fortlaufend ihre eigenen Kurse auf der Handelsplattform stellen. Diese orientieren sich zumeist an der Börse oder dem jeweiligen Handelsplatz, können aber in Ausnahmefällen auch deutlich vom offiziellen Markt abweichen. Meistens werben Market Maker damit, dass keine Ordergebühren anfallen. Dennoch ist der betreffende Service keinesfalls kostenlos.

So sind die Spannen zwischen dem Bid- und Ask-Preis zumeist größer, woraus sich eine indirekte Marge für den Anbieter ergibt. Zum anderen kann der Broker die Kurse so stellen, dass er seinen eigenen Gewinn maximiert. Bei vielen Brokern ist es in der Vergangenheit häufiger vorgekommen, dass angezeigte Kurse nicht ausgeführt werden, sondern ein Trade nur mit zumeist schlechteren Requotes möglich ist. Zudem fallen in der Regel weitere Gebühren wie Finanzierungskosten oder Rollgebühren an. Deshalb sollten Trader sich auch bei solchen Brokern ein ausführliches Preis- und Leistungsverzeichnis per E-Mail zuschicken lassen. Insbesondere versteckte Gebühren gelten als großer Renditekiller.

3 Die beste Wahl

Für Trader ist die Wahl eines ECN-Brokers sehr häufig von Vorteil. So ist ein solcher Broker neutral bei den Kundenaufträgen, da er sie lediglich an die Börse weiterleitet. Der Erfolg des Anlegers liegt auch im Interesse des ECN-Brokers, da dieser davon profitiert, dass die Geschäftsbeziehung möglichst lange besteht und möglichst sogar noch ausgebaut wird. Hingegen gibt es beim Market Maker oft einen Interessenkonflikt zwischen dem Kunden und dem Anbieter. So gewinnt der Market Maker, wenn er seine Positionen nicht glattstellt, genau dann, wenn der Kunde verliert. Der Vorteil, dass hier der Kunde keine Ordergebühren zahlen muss, wird schnell durch den Nachteil aus diesem Interessenkonflikt überkompensiert. Deshalb nutzen professionelle und institutionelle Anleger zumeist ECN-Broker. Diese bieten dank des direkten Zugangs zur Börse zumeist eine schnellere Ausführbarkeit und höhere Liquidität. Dadurch kann schneller gehandelt werden, was bei hoher Volatilität sehr wichtig ist. Zudem sind auch die Ausführungskurse besser, ein weiterer Grund, weshalb diese Alternative bevorzugt werden sollte. Market Maker eignen sich hingegen eher für Anfänger, die mit kleinen Beträgen das Trading testen möchten. Allerdings müssen die meisten Einsteiger zunächst Lehrgeld bezahlen, bis beständige Gewinne anfallen.

IV

KAPITEL 4: SOFTWARE/ARBEITSPLATZ

Durch die Technisierung des Börsenhandels ist es heutzutage nicht mehr notwendig, als Händler auf das sogenannte Parkett der jeweiligen Börse zu gehen und sich schreiend gegen die anderen Marktteilnehmer durchzusetzen. Alles, was für den Handel heutzutage gebraucht wird, ist ein Computer mit Internetverbindung und mit einer Handelssoftware. So sieht der Arbeitsplatz eines Traders in der heutigen Zeit aus, würde man die notwendigen Utensilien auf ein Minimum beschränken. Diese Grundausstattung ist unabhängig vom Trading bei den meisten Menschen im Haushalt vorhanden. Somit kann wirklich jeder am Börsenhandel teilnehmen, der ein Konto bei einem Broker oder einer Depotbank besitzt.

Beim angehenden Trader sollte die Grundeinstellung zur Sache stimmen. Trading ist ein Beruf und kann nur mit einer gewissen Ernsthaftigkeit auf einem professionellen Niveau ausgeübt werden. Diese Haltung spiegelt sich zuallererst in der Gestaltung des persönlichen Trading-Arbeitsplatzes wider. Er sollte aus einem separierten Bereich bestehen, in dem der Händler sich wohlfühlt und konzentriert arbeiten kann. Zumeist besteht dieser Bereich aus einem Schreibtisch und einem bequemen Bürostuhl, auf dem man auch längere Zeit ohne Probleme verweilen kann.

Als technische Voraussetzung für den heutigen Börsenhandel sind ein Computer und eine solide Internetverbindung notwendig. Der Computer sollte mit einer entsprechenden Leistung ausgestattet sein, um alle Realtime-Börsendaten zeitnah in der jeweiligen Handelssoftware verarbeiten zu können. Wer an diesem Punkt spart, spart möglicherweise an einem der wichtigsten Aktivposten, denn es gibt nichts Schlimmeres als eine nicht richtig funktionierende Workstation oder eine nicht übermittelte Handelsorder. So ist ein moderner Desktop-Computer oder ein leistungsstarker Laptop unumgänglich.

Entscheidet man sich für einen Stand-PC mit mehreren Bildschirmen, kann das zu einer besseren Arbeitsweise führen und den professionellen Trading-Arbeitsplatz vervollständigen. Zwei bis sechs Bildschirme können hier zum Einsatz kommen, um stetig einen optimalen Marktüberblick zu erhalten. Mehr als sechs Bildschirme sind nicht notwendig und wären eine Übertreibung, da die Übersichtlichkeit mit steigender Bildschirmzahl wieder abnehmen würde. Die meisten professionellen Trader handeln mit drei Bildschirmen und schaffen sich auf diese Weise einen optimal übersichtlichen Arbeitsplatz. Trading mit einem einzigen Bildschirm oder einem leistungsstarken Laptop ist ebenso möglich. Diese Arbeitsweise kann durch eine professionelle Handelssoftware, wie den AgenaTrader, erleichtert werden und dadurch ebenfalls ein professionelles Niveau erreichen. Deshalb ist die Einrichtung von mehreren Bildschirmen nicht unbedingt notwendig, um das eigene Trading zu perfektionieren.

»It's all about time.« Börsenhandel lebt von einer gewissen Geschwindigkeit, wobei niemand auf den anderen wartet. Fressen oder gefressen werden, lautet die Devise. Somit ist nicht nur die Rechenleistung des Handelscomputers entscheidend, sondern auch eine schnelle und stabile Internetverbindung. Sollte das Internet doch einmal ausfallen, ist eine schnell einsetzbare Alternativverbindung unerlässlich. Für absolute Notfälle, wie Stromausfall oder ähnliches, ist ein funktionstüchtiges Mobiltelefon mit der Rufnummer des Brokers unbedingt griffbereit zu halten.

Ist der Trader im ersten Schritt mit einer leistungsstarken Workstation ausgerüstet, so gilt es im nächsten Schritt, eine ausgeklügelte Handelssoftware zu installieren. Dieses Instrument ist nach den Hardware-Komponenten der wichtigste Bestandteil für eine saubere und strukturierte Handelsweise. Denn erst durch eine Handels- beziehungsweise Charting-Software sind der Handel an der Börse und die technische Analyse einzelner Finanzwerte möglich.

Eine Handelssoftware und die technischen Möglichkeiten, welche diese bieten muss, sind von besonderer Bedeutung für einen erfolgreichen Händler. Erst dadurch ist die Kommunikation zwischen Trader, Broker und Börse möglich. Die Handelssoftware ist, um es vereinfacht zu erklären, eine Plattform, mit welcher man nach bestimmten Kriterien die genauen Eckdaten der eigenen Handelsabsicht seinem Broker kommuniziert. Grundsätzlich ist zu unterscheiden zwischen einfachen Softwarelösungen, die im CFD- und Forex-Handel zur Verwendung kommen, und anspruchsvollen Programmen, welche alles können.

Die einfachen Programme, wie der Metatrader, und andere, auch webbasierte Software werden vom Broker zur Verfügung gestellt. Sie sind in aller Regel ausschließlich im CFD- und Forex-Handel anwendbar. Sie sind in ihrer Handhabung schnell zu erlernen und bieten der breiten Masse die Möglichkeit, auf kurzem Wege erste Schritte im Trading zu gehen. Aber diese Programme sind technisch äußerst eingeschränkt und bieten dem angehenden professionellen Händler nur einen allerersten Einblick in die Charttechnik und die Handelsweise im technischen Trading.

So wird sich ein angehender Händler, der mit echten börsengehandelten Wertpapieren handeln möchte, mit Software-Programmen vertraut machen müssen, welche etwas umfangreicher ausgestattet sind. In diesem Segment gibt es ebenso unzählige gute Lösungen. Jeder Broker stellt seinem Kunden mindestens eine Software zur Verfügung, mit der die von ihm angebotenen Wertpapiere gehandelt werden können. Da diese Programme etwas mehr können, sind sie in der Handhabung natürlich etwas komplizierter zu erlernen. Um aber den ersten Schritt als professioneller Händler zu gehen, ist es notwendig, diese Software möglichst gut zu kennen und zu beherrschen. Denn wer seine Handelsplattform nicht beherrscht, kann allein dadurch Geld verlieren. Dieses Risiko ist vermeidbar.

Die etwas umfangreicheren Handelsprogramme, mit denen man als Händler an der Börse partizipieren kann, zeichnen sich durch die Realtime-Datenanbindung und Markttiefe[5] des jeweils zugrunde liegenden Wertpapiers aus. Häufig muss die Datenanbindung beziehungsweise der Daten-Feed für die jeweiligen Wertpapiere beim Broker abonniert werden. Erst dann sind Charts und Markttiefe in Form des Orderbuchs darstellbar.

Abgesehen von den vom Broker zur Verfügung gestellten Handelsoberflächen besteht für jeden Händler die Möglichkeit, externe Software zu erwerben und für den Handel zu verwenden. Externe Programme, welche man kostenpflichtig erwerben muss, sind zumeist ausgeklügelte Alleskönner und dafür konzipiert, den professionellen Börsenhandel auf einem möglichst hohen Niveau zu betreiben. Hier unterscheiden wir nochmals zwischen Handelsplattformen und reinen Charting-Programmen, welche lediglich zur technischen Analyse gedacht sind. Da der einzige Unterschied in der Verknüpfung mit dem Handelskonto liegt, beschränken wir uns auf die Beschreibung der wirklichen Alleskönner. Wichtige Punkte bezo-

[5] Hier ist das Orderbuch gemeint, das wir später im Buch noch erklären werden.

gen auf eine Software, für die ein angehender Händler tief in die Tasche greifen muss, sind die Folgenden:

- Anschluss eines oder mehrerer Handelskonten, auch von unterschiedlichen Brokern
- Anschluss eines Daten-Feeds für alle Wertpapiere
- Einfaches Screening durch List-Chart-Gruppen und/oder Watchlists
- Werkzeuge der Technischen Analyse
- Times-&-Sales-Liste
- Markttiefe, Orderbuch
- Tick-Chart
- Kontoverwaltende Instrumente, wie das Trading-Tagebuch
- Risiko- und Money-Management-Tools
- Statistiken zur Trading-Kontrolle
- Kundensupport

Die Autoren dieses Buches handeln ausschließlich mit der professionellen Trading-Software von AgenaTrader. Dieses Programm vereint alle Möglichkeiten in sich, die ein Trader für den heutigen Börsenhandel braucht. Im Moment gibt es nach Meinung der Autoren keine vergleichbare Software für den professionellen Handel. Die AgenaTrader-Software ist ein externes Handelsprogramm, das kostenpflichtig erworben oder gemietet werden muss. Unterschiedliche Broker sowie Daten-Feed-Anbieter können an den AgenaTrader angeschlossen werden und bieten einem Trader große Flexibilität. Abbildung 1 zeigt auf drei Bildschirmen unterschiedliche Daten und Informationen, die sich mit diesem Programm einblenden und verwenden lassen.

Abbildung 1: Bildschirm-Set-up, AgenaTrader Software, ATT-Signals Plattform

V

KAPITEL 5: MARKTTEILNEHMER

Jeden Tag gibt es an den Börsen Bewegungen, und je nach Volatilität sind diese mal kleiner und mal größer. Aber ganz egal, wie groß die Bewegungen auch sein mögen, der aktive Privatanleger zu Hause möchte stets für jede Bewegung eine entsprechende Begründung haben. Selbst wenn sich der Dax nur um 0,3 Prozent nach oben oder unten bewegt, wollen viele private Trader wissen, welche Nachrichten hierfür verantwortlich sind.

Die Medien liefern diese Begründungen jeden Tag sehr gerne und grundsätzlich werden ja auch fast jeden Tag sehr viele börsenrelevante Nachrichten veröffentlicht. Dazu gehören zum Beispiel Konjunkturdaten, Quartalszahlen oder die Sitzungsprotokolle der Notenbanken. Allerdings ist die Anzahl der Tage sehr groß, an denen es so gut wie keine Nachrichten gibt, an denen die Kurse aber trotzdem große Schwankungen aufweisen. Das verwirrt den Privatanleger gerne einmal. Sehr konfus wird es, wenn es viele gute Konjunktur- oder Unternehmensnachrichten gibt, aber die Aktien stark fallen. Die Börse macht, was sie will.

Bevor wir uns damit beschäftigen, wie man einen Chart auf professionelle Weise analysiert, ist es unbedingt notwendig zu verstehen, dass es verschiedene Marktteilnehmer gibt, die beim Handel ganz unterschiedliche Ziele und Strategien verfolgen. Eine der wichtigsten Eigenschaften, die ein guter Trader haben muss, ist, dass er sich stets in die Lage der anderen Marktteilnehmer hineinversetzen kann. Die verschiedenen Marktteilnehmer, die jeden Tag an der Börse aktiv sind, lassen sich in fünf Gruppen unterteilen: Hedger, Arbitrageure, Spekulanten, fundamentale Investoren und Notenbanken. In den folgenden Abschnitten wird jede dieser Gruppen einmal näher beleuchtet.

1 Hedger

Normalerweise würde man denken, dass jeder Marktteilnehmer nur ein Ziel verfolgt: Geld verdienen! Aber dies stimmt nicht ganz. Eine sehr große Gruppe von Marktteilnehmern sind die sogenannten Hedger, welche ganz andere Ziele verfolgen. Ein Hedger möchte mit seinem Handel nicht direkt Geld verdienen, sondern er will seine bestehenden Positionen gegen zukünftige Kurschwankungen absichern. Wenn ein Aktienfonds sein Aktienportfolio gegen eine Korrektur an den Aktienmärkten absichern will, dann würde er eine Short-Position in einem Index-Future eingehen, sodass bei einer Korrektur an den Aktienmärkten die Future-Position den kompletten Verlust des Aktienportfolios ausgleichen würde.

Als Hedger sind allerdings nicht nur Portfoliomanager an den Märkten unterwegs, sondern vor allem die großen Konzerne, die ihre Produkte in verschiedenen Währungsregionen verkaufen. Da Schwankungen im Währungsbereich für jeden Konzern ein enormes Risiko darstellen, müssen sie sich auch dementsprechend gegen unliebsame Wechselkursschwankungen absichern. Genauso muss sich ein Konzern gegenüber Kurschwankungen bei Rohstoffen absichern, besonders, wenn er von einem einzigen Rohstoff abhängig ist. Hier lässt sich als Beispiel die Lufthansa nennen, die als Luftfahrtgesellschaft natürlich sehr von der Entwicklung des Ölpreises beeinflusst wird. Die Lufthansa kauft auf dem Terminmarkt Öl, um Planungssicherheit für die Zukunft zu haben. Der Konzern braucht sich dann keine Sorgen mehr über kurzfristige Schwankungen des Ölpreises zu machen: Er deckt sich dann gewissermaßen zum Festpreis mit Treibstoff ein.

2 Arbitrageure

Wertpapiere werden sehr häufig nicht nur an einer Börse gehandelt, sondern an mehreren. In Deutschland kann man zum Beispiel Aktien nicht nur auf Xetra und in Frankfurt, sondern auch in Berlin, Düsseldorf, Hamburg, Hannover, München und Stuttgart handeln. Eine Aktie sollte natürlich an allen Börsenplätzen exakt zum selben Kurs gehandelt werden. Doch das ist nicht immer der Fall. Gibt es verschiedene Kurse an verschiedenen Handelsplätzen, ist ein Arbitragegeschäft möglich. Dabei handelt der betreffende Marktteilnehmer eine Aktie zeitgleich an zwei verschiedenen Börsenplätzen und verbucht den Preisunterschied als seinen persönlichen Gewinn.

Ein Arbitragehandel ist immer ein komplett risikoloses Geschäft. Allerdings wird es heutzutage immer schwieriger für Arbitrageure, am Markt zu bestehen, da durch den elektronischen Handel die Kursstellung sehr viel besser funktioniert als früher. Die Preisunterschiede an verschiedenen Handelsplätzen gleichen sich in Sekundenbruchteilen aneinander an, sodass es immer weniger Möglichkeiten gibt, ein Arbitragegeschäft sauber durchzuführen.

3 Spekulanten

Eine weitere Gruppe wichtiger Marktteilnehmer sind die Spekulanten. Natürlich ist jedes Geschäft, das jeder beliebige Handelsteilnehmer an der Börse tätigt, reine Spekulation. Aber die Gruppe der Spekulanten zeichnet sich dadurch aus, dass ihr Anlagehorizont kurz- bis mittelfristig ist. Aufgrund des kürzeren Anlagehorizontes beschäftigen sich Spekulanten auch mehr mit der technischen als mit der fundamentalen Analyse oder sie kombinieren die technische und fundamentale Analyse.

Spekulanten gibt es sowohl im privaten als auch im institutionellen Bereich. Es wird vielen Trading-Anfängern nicht ganz bewusst sein, aber sobald man an der Börse handelt, tritt man sofort gegen die besten Trader der Welt an. An der Börse wird nicht, wie zum Beispiel im Sport, zwischen Amateuren und Profis unterteilt. Die Börse macht keinen Unterschied zwischen Anfängern, Fortgeschrittenen und Profis. Jeder, der am Spiel der Spiele teilnimmt, tritt sofort gegen die besten Händler der Welt an. Darunter sind Händler, die eine jahrlange Ausbildung genossen haben und in den Handelsräumen von JP Morgan oder Goldman Sachs sitzen.

Warum sprechen wir hier von »gegeneinander antreten«? Der Börsenhandel ist ein Wettkampf, in dem jeder versucht, dem anderen das Geld wegzunehmen. Das Problem am Börsenhandel ist, dass man keinerlei Zulassung braucht, um mitzumachen. Sobald man 18 Jahre alt ist, kann man in Deutschland bei einem Broker oder einer Bank Wertpapiere an der Börse kaufen. Und gerade weil es keinerlei Eintrittsbeschränkung gibt, handeln an der Börse immer auch sehr viele Anfänger, die keinerlei Ausbildung oder gar Erfahrung im Börsenhandel haben. Und genau solche Anfänger handeln dann gegen Profis und wundern sich, dass sie Geld verlieren.

An dieser Stelle wird auch verständlich, warum häufig zu lesen ist, dass etwa 95 Prozent der privaten Marktteilnehmer an der Börse Geld verlieren. Es wäre komplett utopisch anzunehmen, dass man ohne ein fundiertes Fachwissen an der Börse beständig Geld verdienen kann und eine realistische Chance hat, gegen die besten Händler der Welt zu bestehen. Da Sie sich entschieden haben, dieses Buch zu kaufen, haben Sie sich bereits dafür entschieden, ein fundiertes Fachwissen aufzubauen. Dieses Buch zielt genau darauf ab, die Fertigkeiten eines professionellen Spekulanten zu vermitteln, da wir in erster Linie mit dem Chart arbeiten und ebenfalls einen kurz- bis mittelfristigen Anlagehorizont verfolgen.

4 Strategisch-fundamentale Investoren

Eine sehr große Gruppe von Marktteilnehmern sind die strategisch-fundamentalen Investoren. Es sind die Marktteilnehmer, die die größten Summen verwalten und die diese Summen an der Börse auf verschiedene Anlageklassen verteilen. Wir reden hier von den mehrstelligen Milliardensummen, die beispielsweise ein Aktien-, Anleihe- oder Pensionsfonds verwaltet. Es handelt sich dabei um Summen, die sich ein normaler Mensch gar nicht mehr vorstellen kann. Diese Marktteilnehmer bewegen mit ihren Summen und Positionen die Märkte und geben vor, wohin sich diese bewegen. Es ist also sehr wichtig zu verstehen, wie sie sich verhalten und wie sie sich an den Märkten positionieren. Denn im Vergleich zu den fundamentalen Investoren haben kleine Trader absolut keinerlei Möglichkeiten, liquide Märkte zu bewegen. Auch größere Spekulanten wie Hedgefonds, die mehrere Milliarden verwalten, können nicht liquide Märkte bewegen. Zu den allergrößten Marktteilnehmern gehört z. B. die Vanguard Group aus den US-Bundestaat Pennsylvania. Das Unternehmen verwaltet aktuell über 3.000 Milliarden US-Dollar und besitzt u. a. den größten Anleihe-Fonds der Welt. Der größte Vermögensverwalter der Welt ist BlackRock und verwaltet sogar mehr als 4.000 Milliarden Dollar.

Fundamentale Investoren beschäftigen sich nicht mit Charts. Sie wollen ihr Geld auch nicht kurz- oder mittelfristig verdienen. Sie beschäftigen sich in erster Linie mit reinen Fundamentaldaten wie Unternehmensbilanzen und ziehen auch volkswirtschaftliche Zahlen wie das Bruttoinlandsprodukt oder die Arbeitslosenquote für ihre Analysen heran. Sie denken langfristig und wollen dementsprechend ihr Geld auch langfristig anlegen. Aufgrund der sehr großen Positionsgrößen ist es für solche Marktteilnehmer gar nicht möglich, ihre komplette Position mit einer einzigen Order aufzubauen. Um eine Position einzugehen, kann ein großer Fonds mehrere Wochen oder sogar Monate benötigen. Es wäre schlichtweg nicht möglich, eine Order im Wert von mehreren Millionen Euro aufzugeben. Denn dies würde bewirken, dass der Händler eine Ausführung nur zum extrem schlechten Kurs bekommen würde, weil sich gar nicht so viele Kauf- oder Verkaufsorders im Orderbuch der Börse befinden würden. Deswegen verteilen sehr große fundamentale Investoren ihre Orders auf mehrere Wochen oder Monate und hinterlassen so ihre Spuren im Chart-Verlauf. Diese Spuren werden sehr häufig in Form von Trendverläufen sichtbar, und genau diesen Spuren und Trends wollen wir folgen. Wir konzentrieren uns also darauf, im Windschatten dieser großen Investoren mitzufahren, da wir selbst als kleine Spekulanten keine Chance haben, die Märkte eigenständig zu bewegen.

Der professionelle Handel, der im vorliegenden Buch vermittelt wird, basiert auf diesem Grundgedanken. Wir versuchen immer, einem Trend zu folgen, weil wir dadurch die großen Marktteilnehmer auf unsere Seite haben. Dies bedeutet im Umkehrschluss nicht, dass wir vor jedem Trade eine fundamentale Analyse erstellen müssten. Als kurz- bis mittelfristige Händler konzentrieren wir uns natürlich in erster Linie auf den Chartverlauf. Aber wir wollen trotzdem stets wissen, welche Anlage hinter dem jeweiligen Chart steckt.

Gleichzeitig sollte sich jeder Trader regelmäßig mit der wirtschaftlichen Entwicklung beschäftigen und wissen, wie die Geldpolitik der wichtigsten Notenbanken aussieht. Denn die Geldpolitik der Notenbanken hat einen ganz massiven Einfluss auf die langfristige Entwicklung der Finanzmärkte. Als zum Beispiel klar war, dass die Europäische Notenbank zu Beginn des Jahres 2015 ein Quantitative-Easing-Programm starten wird, also Geld druckt, um es in europäische Staatsanleihen zu investieren, war die langfristige Entwicklung an den Finanzmärkten eindeutig: Der Euro verlor massiv an Wert und gleichzeitig beflügelte diese Ankündigung die europäischen Aktienmärkte.

Grundsätzlich kann man sagen: Je expansiver die Geldpolitik einer Notenbank ist, desto wahrscheinlicher ist es, dass die Aktienmärkte ansteigen werden, da das billige Geld einer expansiven Geldpolitik nicht nur wie von der betreffenden Notenbank gewünscht in die Realwirtschaft fließt, sondern auch in Richtung Aktienmärkte. Dies bedeutet dementsprechend auch, dass man unmittelbar vor einer Leitzinsentscheidung keine Trades eröffnen sollte. Bei so wichtigen News können die Kurse sehr schnell verrücktspielen, und das kann für einen Trader teuer werden. Neben den Sitzungsprotokollen der Notenbanken sollte man auch vor der Veröffentlichung anderer wichtiger News wie Arbeitsmarktberichten, Bruttoinlandsprodukten oder auch Inflationszahlen keine Trades machen. Solche News sind auch für die fundamentalen Investoren sehr wichtig und deswegen können hier sehr große Schwankungen entstehen. Auch unmittelbar vor Quartalsberichten von Unternehmen sollte sich ein Trader zurückhalten. Da diese Berichte fast immer vor oder nach Börsenschluss veröffentlicht werden, besteht sogar ein noch größeres Risiko für den Trader, denn die Aktie kann am nächsten Tag mit einer Kurslücke (Gap) eröffnen, sich also nicht direkt an den Schlusskurs des Vortages anschließen. Wenn ein Händler hier auf der falschen Seite erwischt wird, kann dies für ihn sehr teuer werden. Bei Quartalsberichten interessieren sich fundamentale Investoren weniger für das aktuelle Ergebnis, das das Unternehmen in den vergangenen drei Monaten erzielt hat, sondern für den Ausblick auf die kommenden drei Monate.

So lässt sich sehr häufig beobachten, dass ein Unternehmen ein deutlich besseres Ergebnis bringt, als erwartet wurde, und die Aktie gleichwohl abverkauft wird, da das Unternehmen den Ausblick für das nächste Quartal abgesenkt hat. Investoren interessieren sich also nie für die Gegenwart, sondern immer für die Zukunft. Insgesamt ist es für einen Trader sehr wichtig zu verstehen, welche unterschiedlichen Marktteilnehmer an der Börse aktiv sind und was sie jeweils zum Handel bewegt.

5 Notenbanken

Seit der Finanzkrise 2008 hat die Bedeutung der Notenbanken stark zugenommen. In den vergangenen acht Jahren haben die wichtigsten Notenbanken der Welt einen sehr expansiven geldpolitischen Kurs verfolgt. Die Notenbanken sind ein wichtiger Faktor, warum sich die Aktienmärkte seit 2009 nicht nur erholen, sondern stetig neue Allzeithochs erklimmen konnten. Die Federal Reserve (Fed) aus den USA spielt hierbei die entscheidende Rolle. Sie war es, die Ende 2008 sofort reagierte und ein sehr umfangreiches Quantitative-Easing-Programm (QE) startete. Zwischen 2008 und 2014 kaufte die Fed für über 3.500 Milliarden US-Dollar hypothekenbesicherte Wertpapiere und US-Staatsanleihen auf. Sie wollte auf diese Weise die langfristigen Zinsen senken, so dass Unternehmen und Privatpersonen günstiger an Kredite kommen konnten. Gleichzeitig wurde hierbei das Bankensystem mit Liquidität versorgt, da die Notenbank die Papiere auch den Geschäftsbanken abkaufte.

Ein weiteres Ziel eines QE-Programms besteht in der langfristigen Erhöhung der Inflation. Ende 2008 drohte der US-Wirtschaft eine Deflation, in der die Preise langfristig sinken würden. Sinkende Preise hören sich für einen Konsumenten im ersten Moment eigentlich ganz gut an, bringen aber für eine Volkswirtschaft große Probleme mit sich. Durch die sinkenden Preise hält sich der Konsument nämlich zurück, da er erwartet, dass die Preise weiter sinken werden. Durch die sinkende Nachfrage gehen die Preise weiter zurück, was den Unternehmen langfristig ebenso schadet wie der Nachfragerückgang. Sinkende Umsätze und Gewinne führen automatisch zu Entlassungen, um Kosten einzusparen. Eine höhere Arbeitslosigkeit senkt wiederum die Kaufkraft, so dass die Nachfrage weiter zurückgeht. Wenn sich eine Volkswirtschaft einmal in diesem Teufelskreis befindet, kann es sehr lange dauern, bis die Wirtschaft wieder anläuft. Dies wollen die Notenbanken selbstverständlich verhindern und haben deswegen in den vergangenen acht Jahren QE-Programme in erheblichem Umfang gestartet.

Durch diese quantitative Lockerung sollen nicht nur die Inflation angekurbelt und die Zinsen gesenkt, sondern auch der gefühlte Wohlstand der Unternehmen und Privatleute gesteigert werden. Die Geldmengen, die von den Notenbanken zusätzlich ins System gepumpt werden, haben einen gravierenden Einfluss auf alle Anlageklassen, insbesondere auf Anleihen, Aktien und Immobilien. Zum ersten Mal überhaupt waren die drei Anlageklassen in den vergangenen Jahren gleichzeitig in einer Hausse[6], so dass sich der gefühlte Wohlstand bei allen, die in diesen Anlageklassen investiert sind, deutlich erhöht hat. Ein gefühlt höherer Wohlstand soll dazu beitragen, dass die Unternehmen mehr investieren und dass zugleich die Privatleute mehr konsumieren.

Durch eine deutlich steigende Nachfrage am Anleihemarkt durch die Notenbanken sinken die kurz- und auch langfristigen Zinsen, so dass sich auch die Staaten deutlich günstiger verschulden können. Dies war in den vergangenen Jahren vor allem für die teils hoch verschuldeten europäischen Staaten eine große Entlastung.

Denn auch die Europäische Zentralbank (EZB) hat im Jahre 2015 mit dem QE begonnen und dabei ein Programm mit zunächst 1.000 Milliarden Euro gestartet. Ein Jahr später wurde dieses Programm bereits aufgestockt, so dass die EZB jetzt jeden Monat für 80 Milliarden Euro Staatsanleihen und seit 2016 sogar Unternehmensanleihen kauft.

Bei dem Ankauf von Staatsanleihen war die EZB bisher nicht unmittelbar am Primärmarkt aktiv, also bei der Emission der Anleihen, sondern erst dann, wenn sie

6 Anstieg von Kursen über einen mittel- bis längerfristigen Zeitraum.

schon emittiert waren. Somit umgeht die EZB die Kritik, sie würde Staaten durch ein Anwerfen der Notenpresse finanzieren. Allerdings kann die EZB trotzdem am Sekundärmarkt bis zu 33 Prozent einer emittierten Anleihe aufkaufen. Wenn also Italien eine Anleihe für 9 Milliarden Euro ausgibt, kann die EZB, nach der Emission bis zu 3 Milliarden davon aufkaufen.

In diesem Abschnitt soll es gar nicht darum gehen, ob die Autoren dieses Buches ein QE-Programm für sinnvoll halten oder nicht. Vielmehr soll verdeutlicht werden, welch großen Einfluss die Notenbanken auf die Finanzmärkte haben. Diesen darf ein Händler nicht ignorieren.

Die erste Notenbank, die ein QE-Programm startete, war die Bank of Japan im Jahre 2001. Der Erfolg ist bisher ausgeblieben, die japanische Wirtschaft will einfach nicht wachsen und hat immer wieder mit Deflation zu kämpfen.

Die Geldmengen, die von den Notenbanken zusätzlich ins System gepumpt werden, haben allerdings einen gravierenden Einfluss auf alle Anlageklassen. Deswegen haben die Zinsentscheidungen und Sitzungsprotokolle der Notenbanken eine große Bedeutung für die Finanzmärkte. Sogar einzelne Aussagen von den Notenbankchefs zur Leitzinsentwicklung und Geldmengenpolitik können die Richtung an den Märkten vorgeben.

Im Jahre 2012 hatte die europäische Schuldenkrise ihren Höhepunkt erreicht und Krisenstaaten wie Italien und Spanien mussten auf ihre zehnjährigen Anleihen über 7 Prozent Zinsen zahlen. Dann kamen die mittlerweile berühmten Worte des EZB-Vorsitzenden, Mario Draghi, die EZB werde »alles tun, was nötig ist«, um den Euro zu retten. Allein diese Worte gaben dem Aktienmarkt einen neuen Aufwärtsschwung, und die Risikoaufschläge der Krisenstaaten reduzierten sich drastisch, von über 7 auf unter 2 Prozent.

Im Jahre 2016 konnten die weltweiten Anleger ein ähnliches Phänomen beobachten. Nachdem Großbritannien sich am 23. Juni überraschenderweise für einen Austritt aus der EU entschied, brachen am nächsten Tag die weltweiten Aktienmärkte zunächst sehr stark ein. Aber noch am selben Morgen meldete sich die Bank of England zu Wort und ihr Gouverneur, Mark Carney, betonte, dass die englische Notenbank alles tun werde, um die britische Wirtschaft zu stützen.

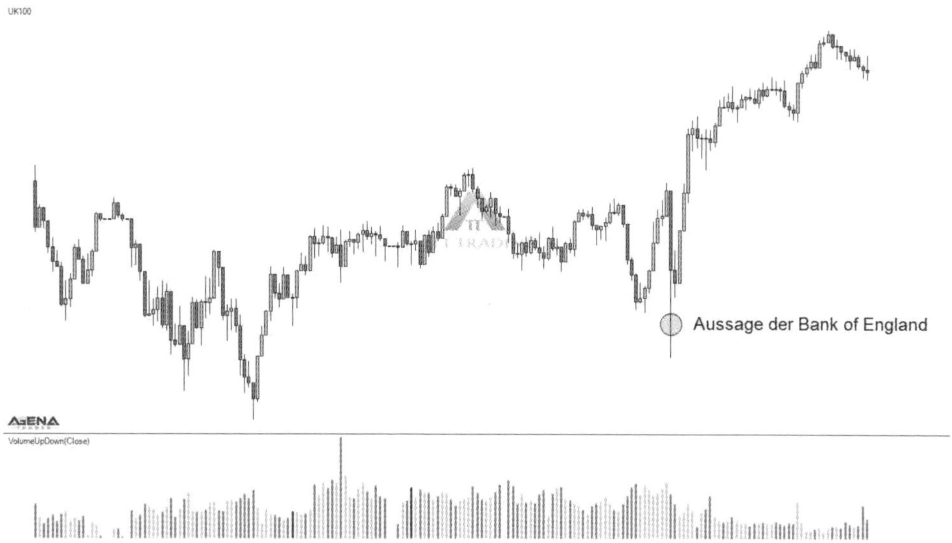

Abbildung 2: Der britische Aktienindex FTSE 100

Der englische Leitindex, FTSE 100, schoss in den nächsten Tagen stark nach oben und nur wenige Tage nach dem Referendum stand der FTSE 100 höher als davor. Wie diese Aussage sich auf den Britischen Leitindex FTSE 100 auswirkte, verdeutlicht Abbildung 2.

Wir Trader müssen also permanent die Notenbanken im Auge behalten und immer wissen, wann die nächste Sitzung der Federal Reserve (Fed), der Europäischen Zentralbank (EZB), der Bank of England (BoE) und der Bank of Japan (BoJ) stattfindet. Die US-amerikanische Fed ist, wie schon erwähnt, die weltweit wichtigste. Unmittelbar vor einer wichtigen Notenbanksitzung ist das Volumen an den Märkten in der Regel etwas geringer und Trends können sich nicht sauber fortsetzen. Das Volumen ist deswegen niedrig, weil die meisten großen Marktteilnehmer sich vor einer Notenbanksitzung zurückhalten, da jeder erst einmal wissen will, was bei dieser Sitzung verkündet wird. Und wenn sich die großen Marktteilnehmer zurückhalten, dann sollten wir Trader uns erst recht zurückhalten. Welche Nachrichten außerdem relevant sind, wird später im Buch noch ausführlich besprochen.

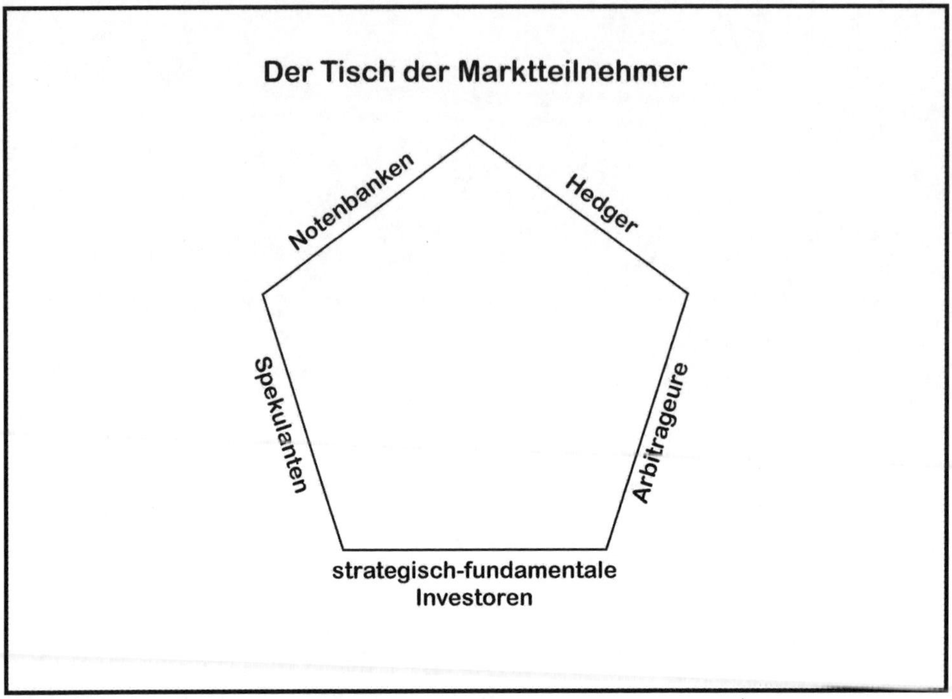

Abbildung 3: Marktteilnehmer an der Börse

VI

KAPITEL 6: GRUNDLAGEN/TECHNISCHE HILFSMITTEL

In diesem Buch geht es darum, das Handwerk eines Traders zu verstehen und zu erlernen. Die Kapitel bauen aufeinander auf. Bevor wir uns mit den Charts beschäftigen, ist es unbedingt notwendig, sich mit einigen sehr wichtigen Instrumenten zu befassen, die uns die Börse liefert.

1 Orderbuch

Eines der wichtigsten Instrumente ist das Orderbuch, in dem sich alle Kauf- und Verkaufsaufträge im Laufe eines Handelstages treffen. Alle Marktteilnehmer, die wir bereits vorgestellt haben, treffen sich jeden Tag im Orderbuch. Die Börse macht dabei keinen Unterschied, ob die Order von einem erfahrenen Trader kommt oder von einem blutigen Anfänger. Alle Marktteilnehmer, die während eines Handelstages Aufträge ins Orderbuch einstellen (lassen), werden gleich behandelt.

Wenn wir das Orderbuch bei unserem Broker aufrufen, sehen wir immer auf der linken Seite die Käufer und auf der rechten Seite die Verkäufer. Alle Orders, die sich im Orderbuch befinden, sind limitierte Orders. Auf der Käuferseite links steht die georderte Stückanzahl unterhalb des aktuellen Preises. Eine Limit-Kauforder ist immer eine Order, die unterhalb des aktuellen Preises liegt.

Auf der rechten Seite des Orderbuchs befinden sich ausschließlich die limitierten Verkaufsorders. Eine Limit-Verkaufsorder liegt immer oberhalb des aktuellen Preises. Wir werden im späteren Verlauf noch mehr Orderarten kennenlernen. Der aktuelle Börsenkurs wird in jeder Sekunde durch die Ermittlung der bestmöglichen Umsätze zu dem jeweiligen Kurs gefunden. Die Börse versucht also immer, den bestmöglichen Preisausgleich zu ermitteln, und dieser hängt natürlich davon ab, ob es mehr Käufer oder Verkäufer gibt.

Jeder Trader muss sich der Existenz des Orderbuchs bewusst sein. Selbst benötigt man das Orderbuch nur für den sehr kurzfristigen Handel. Da die Börse immer prüft, bei welchem Kurs sich am meisten Umsätze ergeben, bewegt sich der Kurs kurzfristig in die Richtung, in der die meisten Orders liegen. Wenn etwa ein deutlicher Überhang auf der Käuferseite vorhanden ist, bewegt sich der Kurs kurzfristig in Richtung der in den Orders festgelegten Kauflimits. In diesem Fall wollen sich mehr Käufer zu günstigeren Kursen in den Markt einkaufen. Der Kurs wird also wahrscheinlich sinken.

Wenn sich dagegen im Orderbuch ein Überhang auf der Verkäuferseite befindet, wird der Kurs kurzfristig wahrscheinlich steigen, da mehr Verkäufer zu höheren Preisen verkaufen wollen. Das Orderbuch kann also als Hilfsmittel für einen besseren Einstieg verwendet werden, wenn man sehr kurzfristig am Markt unterwegs ist.

Man darf hier nicht außer Acht lassen, dass man an der Börse nicht nur mit einer limitierten Order in den Markt gehen kann, sondern vor allem auch mit einer sogenannten Market Order, bei der man den aktuellen Kurs für seinen Trade bekommt. Solche Orders können natürlich nicht im Orderbuch stehen, da sie genau in der Sekunde ausgeführt werden, in welcher der Trader seine Order aufgibt. Das Orderbuch kann also niemals genau sagen, wo der Kurs in den nächsten Minuten hingeht, sondern ist lediglich ein Hilfsmittel für den kurzfristigen Spekulanten.

2 Times-&-Sales-Liste

Ein weiteres Instrument, das die Börse uns liefert, ist die Times-&-Sales-Liste (kurz: T&S). Darin wird jedes Geschäft angezeigt, das im Orderbuch getätigt worden ist. Veröffentlicht werden die Stückzahl, der aktuelle Preis und die Uhrzeit.

Genau wie das Orderbuch benötig man die T&S-Liste ausschließlich für den sehr kurzfristigen Handel. Wenn sich die Liste sehr schnell füllt, kann der Händler erkennen, dass gerade Bewegung in den Markt kommt. Ebenso kann er aufgrund der angegebenen Stückzahl in der T&S-Liste erkennen, ob sich gerade sehr große Marktteilnehmer am Markt engagieren. Abbildung 4 zeigt ein Beispiel für eine solche T&-S-Liste.

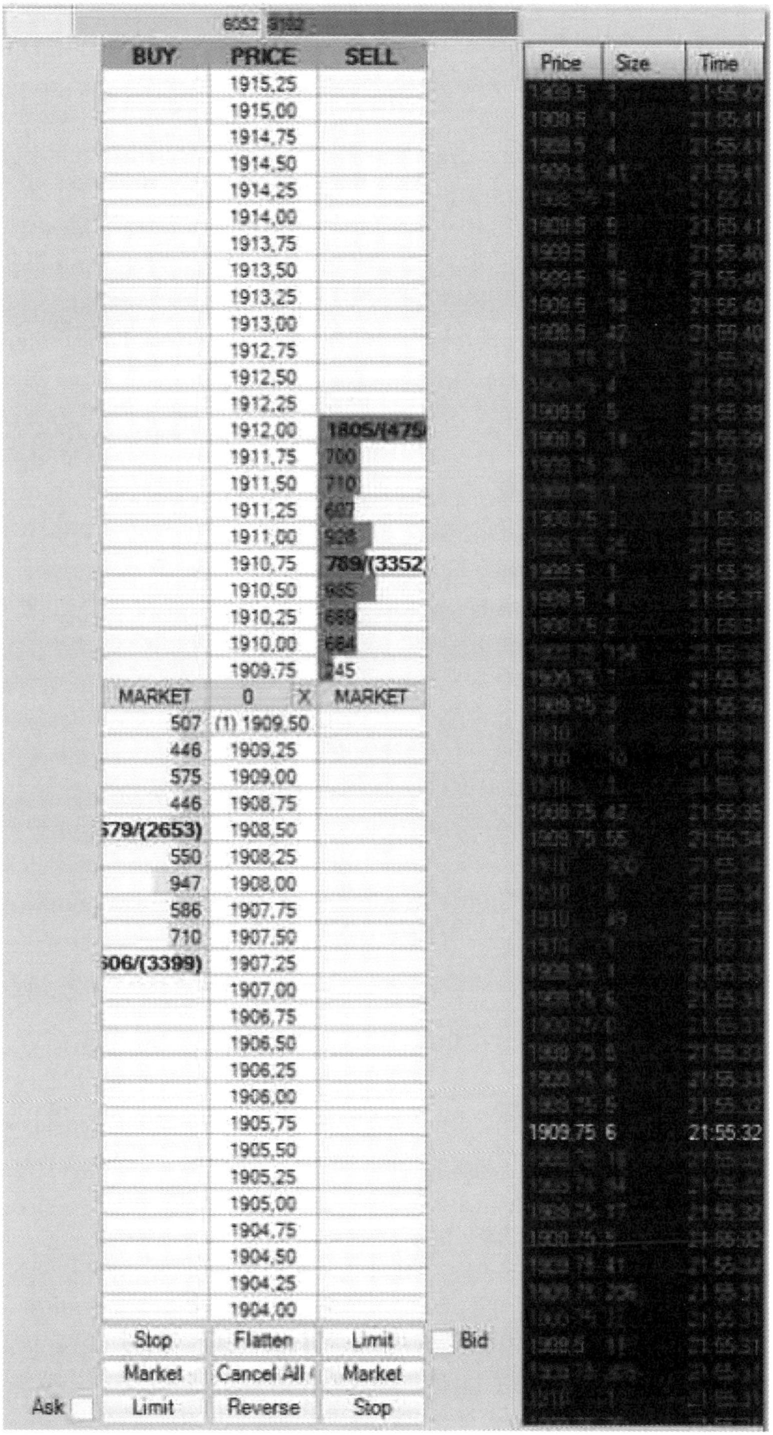

Abbildung 4: Orderbuch und Times-&-Sales-Liste

3 Tick-Chart

Der erste Chart, mit dem wir uns jetzt beschäftigen wollen, ist der Tick-Chart, der die T&S-Liste visualisiert. Ein Tick-Chart ist ein zeitunabhängiger Chart, der jedes Geschäft von der T&S-Liste mit einem Tick darstellt. Der nächste Tick wird immer mit dem letzten Tick verbunden. Dieser Chart wird ebenfalls in erster Linie für den sehr kurzfristigen Handel benutzt. Aber genauso wie beim Orderbuch und der T&S-Liste muss sich ein Trader der Existenz des Tick-Charts bewusst sein und wissen, was es aussagt. Abbildung 5 zeigt ein Beispiel für einen solchen Tick-Chart.

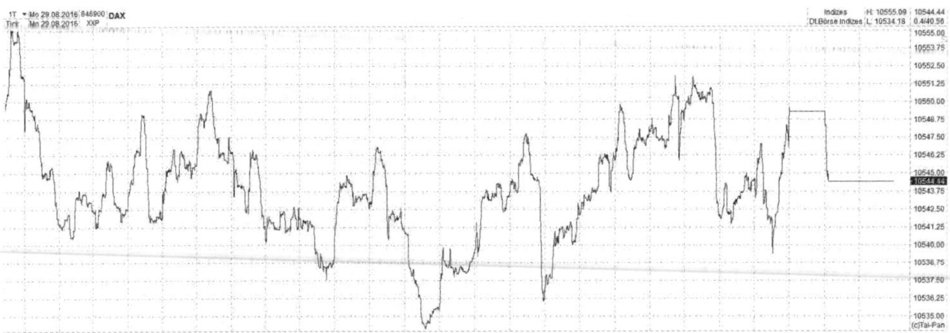

Abbildung 5:Tickchart – die Mutter aller Charts

4 Kerzen-Chart (Candlestick-Chart)

Da wenige Ticks eine sehr geringe Aussagekraft zur entsprechenden Anlage haben, schauen sich die meisten Marktteilnehmer zeitbasierte Charts an. Hier gilt es den Kerzen-Chart (Candlestick-Chart) zu erläutern, der von den meisten Spekulanten bevorzugt benutzt wird und auch im professionellen Trading Anwendung findet.

Bei dieser Darstellungsform eines Charts werden die wichtigsten Informationen für den Händler in der zugrunde liegenden Zeiteinheit in einer Kerze zusammengefasst. Diese Art der Darstellung hat den Vorteil, mehr historische Details innerhalb eines bestimmten Zeitraums anzuzeigen. Hierbei werden nur die wichtigsten Informationen in einer Kerzenperiode festgehalten. Diese beinhalten Höchst- und Tiefstkurs innerhalb der Zeiteinheit, sowie den Eröffnungs- und Schlusskurs.

Bei einem Kerzenchart muss ein Trader auf seiner Handelsplattform auswählen, wie viele Ticks in einer Kerze zusammengefasst werden, welche Zeitspanne also eine Kerze repräsentiert. Im Tageschart werden zum Beispiel alle Ticks des gesamten Handelstages in einer einzigen Kerze zusammengefasst. Somit kann der Trader sich einen sehr guten Überblick verschaffen, wie die Anlage sich während eines bestimmten zeitlichen Horizontes verhalten hat. Für einen Spekulanten gibt es nur drei Kerzen-Charts, die wirklich von Bedeutung sind: der Tages-, der Stunden- und der Zehn-Minuten-Chart. Wir werden später noch genau darauf eingehen, warum ein mittel- bis kurzfristiger Händler immer genau diese drei Charts betrachten sollte.

Zunächst wollen wir uns aber anhand der Abbildung 6 noch kurz damit beschäftigen, wie eine Kerzenperiode aufgebaut ist. Der »Kerzenkörper zeigt den Anfangs- und Schlusskurs des betrachteten Wertes. Rote Kerzen bedeuten fallende, grüne Kerzen bedeuten steigende Kurse innerhalb der von einer Kerze repräsentierten Zeitspanne. Der »Kerzendocht« zeigt dabei die Kursspanne an, also den Höchst- und den Tiefstkurs, den der betrachtete Wert innerhalb der jeweiligen Zeitspanne erreicht hat.

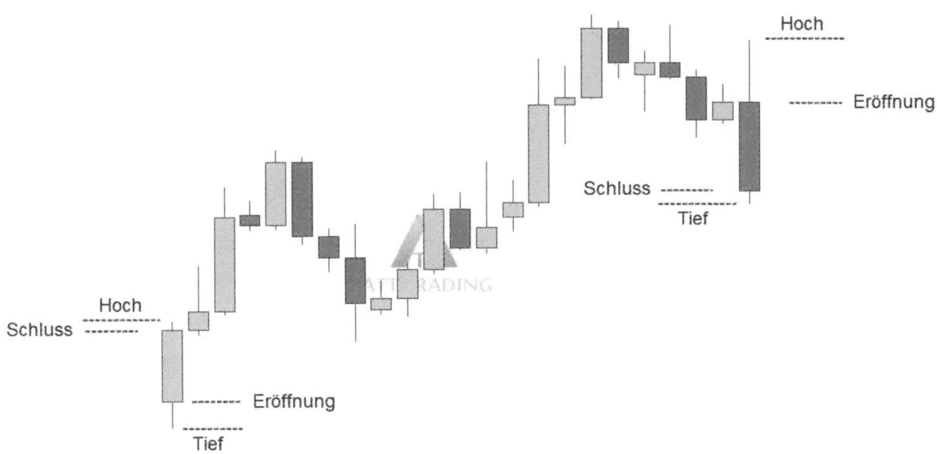

Abbildung 6: Kerzenchart (Candlestick-Chart)

5 Zeiteinheiten

Ein professioneller Trader verwendet ausschließlich den Tages-, Stunden- und Zehn-Minuten-Chart. Der Tages-Chart hat die höchste Bedeutung, denn auf diesem Chart handelt das große Kapital, zum Beispiel institutionelle Investoren und größere Spekulanten. Wenn ein Marktteilnehmer mehrere Milliarden verwaltet, dann wird er nicht versuchen, auf den kleinen Zeiteinheiten zu handeln und sein Geld kurzfristig zu verdienen. Er will sein Geld während der nächsten Monate und Jahre verdienen und interessiert sich deswegen bei einer Anlage für einen mittel- bis längerfristigen Zeithorizont. Der Tages-Chart ist hier ideal, weil man hier perfekt im Chart erkennen kann, wie sich ein bestimmter Wert über die letzten Tage, Wochen und Monate verhalten hat.

Wir haben bereits im Kapitel »Marktteilnehmer« erwähnt, dass sehr große Marktteilnehmer ein Geschäft niemals mit einer einzigen Order aufgeben würden, da sie ansonsten eine viel schlechtere Ausführung bekommen würden. Wenn etwa ein Händler einer Bank den Auftrag bekommen würde, 500.000 Siemens-Aktien zu kaufen, dann würde er die Order niemals über die komplette Aktienanzahl aufgeben, sondern versuchen, seine Order auf die nächsten Tage aufzuteilen und dabei immer einen möglichst günstigen Preis zu bekommen. Für ihn ergibt es also keinen Sinn, sich den Zehn-Minuten-Chart anzuschauen. Er wird stattdessen den Tages-Chart betrachten, um zu erkennen, innerhalb welcher Kursspanne sich die Aktie in den vergangenen Tagen und Wochen bewegt hat.

Der Chart mit der zweithöchsten Wertigkeit ist dementsprechend der Stunden-Chart. Hier bewegen sich zwar nicht mehr die ganz großen Marktteilnehmer, aber immer noch viele größere Spekulanten. Je kleiner die Zeiteinheit ist, die ein Händler wählt, desto weniger Aussagekraft hat dieser Chart, ganz einfach weil die großen Marktteilnehmer auf den großen Zeiteinheiten unterwegs sind und die kleinen Marktteilnehmer auf den etwas kleineren. Dementsprechend hat der Zehn-Minuten-Chart eine sehr geringe Aussagekraft im Hinblick auf eine Anlage.

An dieser Stelle sei noch erwähnt, dass sich ein kurz- bis mittelfristiger Trader keine Zeiteinheit ansieht, die oberhalb des Tages-Charts liegt. Der Wochen- oder auch Monats-Chart umfasst einen viel zu großen Zeithorizont. Ein Trader müsste hier sehr lange auf eine Handelsmöglichkeit warten und es würde sogar noch länger dauern, bis er endlich Geld verdient hätte. Ein kurz- bis mittelfristiger Händler will jedoch jede Woche Geld verdienen und nicht sechs Monate auf sein Einkommen warten. Dazu kommt: Diese sehr großen Zeiteinheiten, wie der Wochen- oder Monats-Chart, können sehr trügerisch sein und ein verzerrtes Bild von der gegenwärtigen Situation einer Anlage widergeben. Die fundamentale Situation eines Unternehmens könnte sich nämlich verändert haben, und diese Entwicklung würde man auf dem Tages-Chart auch sofort sehen, allerdings nicht unbedingt auf dem Wochen- oder Monats-Chart. Abbildung 7 zeigt nebeneinander den Tages-, den Stunden- und den 10-Minuten-Chart. Wie ein professioneller Trader die verschiedenen Zeiteinheiten miteinander kombiniert, werden wir später im Buch sehr ausführlich besprechen.

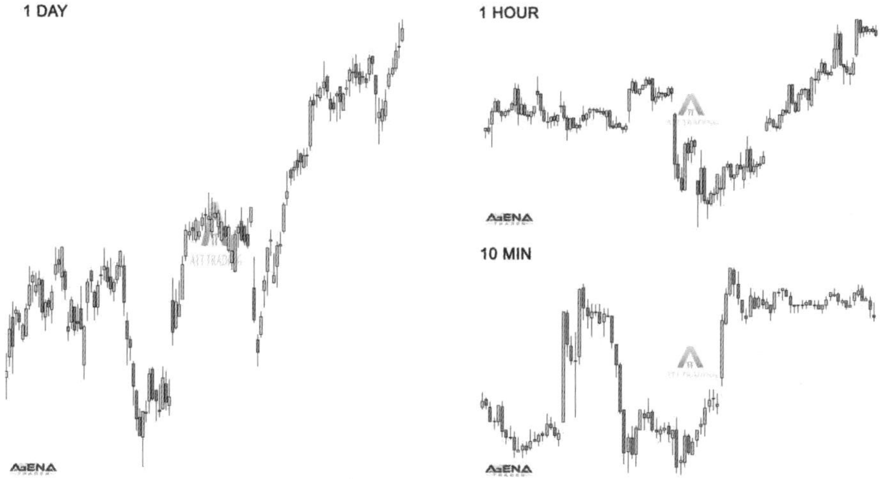

Abbildung 7: Charteinstellung in unterschiedlichen Zeiteinheiten

6 Volumen

Ein sehr wichtiges Hilfsmittel, das ein Trader bei jeder Anlage mitbetrachten sollte, ist das Handelsvolumen. Ein professioneller Trader möchte immer nur sehr liquide Werte handeln, also Werte mit einem hohen Volumen. Ein hohes Volumen bedeutet nämlich, dass bei dieser Anlage viele andere Marktteilnehmer unterwegs sind. Vor allem aber bedeutet es, dass die großen Marktteilnehmer diese Anlage auch handeln. Ein großer Marktteilnehmer könnte Anlagen mit einem geringen Volumen gar nicht handeln, da er bei derart illiquiden Werten mit seiner Order den Preis komplett aus den Fugen reißen würde: Eine Kauforder über eine größere Summe würde dann einen rasanten Kursanstieg bedeuten, eine Verkaufsorder über eine größere Stückzahl einen massiven Kursverfall. Zudem weist ein geringes Volumen auch auf die Tatsache hin, dass die betreffende Anlage nicht sekündlich gehandelt wird und der Chart dementsprechend sehr verzerrt aussieht.

Der Handelsansatz, der in diesem Buch vermittelt wird, basiert ausschließlich auf Anlagen mit einem hohen Volumen. Bei Aktien bedeutet dies, dass wir uns z. B. auf dem deutschen Markt nur Aktien von großen Konzernen anschauen, die im Dax bzw. MDax gelistet sind. Dabei haben die Aktien aus dem Dax Priorität, da der Dax nur die 30 größten börsennotierten Konzerne Deutschlands beinhaltet, die allesamt ein hohes Handelsvolumen besitzen. Bei US-Aktien konzentrieren wir uns auf alle Aktien, die im S&P 500, im Nasdaq 100 und im Dow Jones gelistet sind. Beim S&P 500 und beim Nasdaq 100 sollte ein Händler zudem darauf achten, dass die betreffende Aktie ein Volumen von mindestens einer Millionen Stück am Tag aufweist. Ein Trader kann sich selbstverständlich auch Aktien von anderen Ländern anschauen, aber auch hier gilt es, auf ein hohes Volumen zu achten. Allerdings besteht schon eine sehr große Auswahl für denjenigen, der sich nur auf die großen Konzerne aus den USA und Deutschland konzentriert.

Das Volumen kann sich ein Trader einfach über seine Handelsplattform anzeigen lassen, wie Abbildung 8 verdeutlicht.

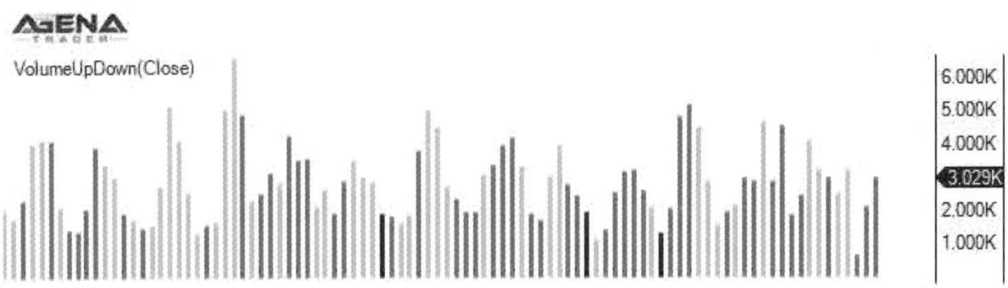

Abbildung 8: Volumen (Handelsumsatz)

Bei Devisen gilt dies genauso. Ein Trader sollte sich hier auf die liquidesten Währungspaare konzentrieren. Die Währungen, die jeden Tag am meisten gehandelt werden, sind: US-Dollar, Euro, Japanischer Yen, Britisches Pfund, Australischer Dollar, Schweizer Franken und Kanadischer Dollar. Bei diesen Währungen sind die großen Marktteilnehmer jeden Tag unterwegs und hier wird ein Händler immer genügend Volumen haben. Bei Devisen kann sich ein Trader das Volumen über seine Handelsplattform nicht direkt anzeigen lassen, da Devisen nicht zentral an einer Börse gehandelt werden, sondern direkt zwischen den Marktteilnehmern, bei denen es sich in erster Linie um Banken handelt. Ein guter Broker arbeitet normalerweise mit sehr vielen Banken zusammen und kann so seinen Kunden immer die besten Devisenkurse liefern.

7 Orderarten

Zur Umsetzung seiner Handelsidee gibt der Trader bei seinem Broker einen entsprechenden Auftrag ab. Grundsätzlich ist entweder der Kauf (buy) oder der Verkauf (sell) eines Finanzinstruments möglich. Nun kommt es beim Trading im Kern auf den Preis bzw. Kurs an. Dementsprechend ist das Ergebnis einer Handelsidee vor allem davon abhängig, dass sie zu einem guten Preis umgesetzt werden kann. Damit kommt der Orderart eine zentrale Bedeutung zu. Der Trader hat die Wahl zwischen der Market-Order, der Limit-Order und der Stop-Order. Alle weiteren Orderarten mit ihren zahlreichen Bezeichnungen sind allein Kombinationen dieser Orderarten untereinander oder mit zusätzlichen Eigenschaften.

7.1 Market-Order

Die grundlegendste Orderart ist die Market-Order. Dabei wird der betreffende Auftrag zum jeweils aktuellen Verkaufs- beziehungsweise Kaufpreis abgegeben. Solch ein Verkauf (Market-Sell) oder Kauf (Market-Buy) wird dann sofort zum gegenwärtigen Marktpreis ausgeführt, sofern ein entsprechendes Volumen vorliegt. Im Vordergrund steht bei dieser Orderart die sofortige Ausführung, unabhängig von eventuellen Preisveränderungen zwischen Abgabe der Order und deren Ausführung. Bei volatilen Kursen oder fehlendem Volumen ist der aktuell angezeigte Marktpreis nicht immer der Kurs der Orderausführung. Vielmehr wird die Market-Order zum nächstmöglichen Preis sofort ausgeführt, egal ob günstiger oder ungünstiger. Abbildung 9 verdeutlicht die Funktionsweise einer Market-Order.

Allerdings steht der Handelsgegenstand zum Zeitpunkt der Handelsabsicht nicht immer bei dem vom Trader favorisierten Preis. Oder der Trader möchte bereits bei Positionseröffnung das Verlustrisiko begrenzen sowie eine Gewinnmitnahme einplanen. Um dennoch zu einem bestimmten zukünftigen Preis einen Handelsauftrag auslösen zu können, gibt es eine Vielzahl weiterer Orderarten und Orderzusätze.

Abbildung 9: Market Order

7.2 Limit-Order

Mit der Limit-Order wird dem Trader eine Orderart an die Hand gegeben, die es ihm ermöglicht, einen Handelsauftrag zu einem günstigeren Preis als dem aktuellen auszulösen. Denn es wird nicht eine Order zum aktuellen Marktpreis abgegeben, sondern eine Order zu einem festgelegten, günstigeren Preis (Limit) ins Orderbuch gelegt. So wird gegebenenfalls eine spätere günstigere Positionseröffnung nicht verpasst. Diese Orderart stellt eine praktische Ergänzung für andere Orderarten dar.

Beim Kauf eines Handelsinstruments (Limit-Buy) legt der Trader mit einem Limit fest, dass ein bestimmter Höchstkurs nicht überschritten werden darf. Abbildung 10 verdeutlicht: Solange der Kurs oberhalb dieses Limits steht, wird der Kaufauftrag nicht ausgeführt. Somit wird verhindert, dass teurer gekauft wird als beabsichtigt. Erst mit Erreichen des Limits wird die Kauforder zum Limit-Preis oder billiger ausgeführt.

Entsprechend führt ein Limit beim Verkauf (Limit-Sell) dazu, dass ein bestimmter Mindestkurs nicht unterschritten wird. Solange der Kurs unterhalb dieses Limits steht, wird der Verkauf nicht ausgeführt. Somit verhindert der Trader, einen Wert billiger zu verkaufen, als er wollte. Erst mit Erreichen des Limits wird zum Limit-Preis oder teurer verkauft.

Eine Kombination aus Market- oder und Limit-Order ist die sogenannte Market-Limit-Order. Diese wird wie jede Market-Order sofort ausgeführt, aber nur, wenn der im Limit festgelegte Preis zustande kommt. Ist die Order nicht sofort zum gewünschten maximalen beziehungsweise minimalen Preis ausführbar, wird sie gelöscht. Dies ist bei sehr volatilen Kursen oder unpassendem Volumen zum aktuellen Marktpreis praktikabel.

Abbildung 10: Limit-Order

7.3 Stop-Order

Der Stop ist das Gegenstück zum Limit. Hierbei wartet der Trader nicht günstigere Kurse ab. Vielmehr geht er davon aus, dass Kurse, die sich schon ein gewisses Stück in die gewünschte Handelsrichtung bewegt haben, diese Kursbewegung weiterhin fortsetzen. Für einen Kaufauftrag (Stop-Buy[7]) wird ein Preis über dem aktuellen Kurs festgelegt, und bei einem Verkaufsauftrag (Stop-Sell) wird ein Preis unter dem aktuellen Kurs festgelegt. Das ist dann aber nicht wie bei der Limit-Order ein Höchst- oder Tiefstpreis für die Orderausführung. Vielmehr markiert der festgelegte Stop lediglich die Kursschwelle, deren Erreichen die Ausführung der betreffenden Order auslöst. Der Ausführungskurs kann also bei einer Kauforder sehr wohl wieder über dem Stop liegen, bei einer Verkaufsorder darunter, maßgeblich ist hier einfach die nächste Kursfeststellung. Zusammen mit einem Limit wird eine Stop-Order zum Stop-Buy-Limit beziehungsweise Stop-Sell-Limit. Mit Erreichen des Stops wird diese Unterart nicht als Market-Order zum nächsten (auch ungünstigeren) Marktpreis ausgelöst, sondern als limitierte Order nach Möglichkeit nur zum Limit-Preis oder günstiger. Ist dies nicht mög-

---

[7] Stop wird im Deutschen »Stopp« geschrieben. Die englischen Order-Begriffe werden hier verwendet, weil diese Begriffe in der Mehrzahl der Handelsplattformen auftauchen.

lich, wird die Order gestrichen. Eine anschauliche Darstellung der Stop-Order findet sich in Abbildung 11.

Abbildung 11: Stop-Order

7.4 Stop-Loss, Take-Profit

Hinter diesen Bezeichnungen stecken keine weiteren Orderarten. Vielmehr handelt es sich dabei um unerlässliche Instrumente zur Verwaltung bereits eröffneter Handelspositionen, die sich der obigen Orderarten bedienen. Der Stop-Loss ist die wichtige Verlustbegrenzung eines Trades und der Take-Profit die ebenso wichtige Gewinnmitnahme. Abbildung 12 verdeutlicht dies.

Abbildung 12: Take-Profit und Stop-Loss

Im Rahmen einer bestehenden Kaufposition (long) wird der Stop-Loss als Stop-Sell-Order oder Stop-Sell-Limit-Order aufgegeben und die Gewinnmitnahme als Limit-Sell-Order. Umgekehrt ist bei einer bestehenden Verkaufsposition (short) der Stop-Loss als Stop-Buy-Order oder Stop-Buy-Limit Order aufzugeben und die Gewinnmitnahme als Limit-Buy-Order.

8 Orderzusätze

Die drei Orderarten Market, Limit, Stop sowie deren Kombinationen können zusätzlich mit vielen Eigenschaften verbunden werden. Das Angebot an solchen Orderzusätzen variiert von Broker zu Broker. Nicht alle sind notwendig für eine professionelle Trade-Verwaltung. Nachfolgend sind einige für den Trader besonders nützliche Orderzusätze aufgeführt.

Recht häufig begegnet dem Trader der sogenannte *Trailing-Stop*. Eine Order, die als Stop-Loss dient, wird dadurch automatisch in einem bestimmten, gleich bleibenden Abstand zum Kurs nachgezogen, wenn dieser sich in die Gewinnrichtung bewegt. Bei Kursbewegungen in Richtung Stop-Order bleibt der Trailing Stop dagegen unverändert stehen, bis er berührt wird.

Eine ganze Gruppe von Orderzusätzen betrifft die Verbindung mehrerer Orders. Beispielsweise kann mit dem Zusatz *If-Done* eine Order erst dann aktiviert werden, wenn davor eine andere ausgeführt wurde. Oder es werden zwei Orders so miteinander verknüpft, dass die Ausführung einer Order zur Stornierung der anderen Order führt. Derartige Orderverbindungen werden meist mit dem Kürzel OCO (*one cancels other*) bezeichnet.

Mit einer weiteren Gruppe von Orderzusätzen kann der Trader die Gültigkeitsdauer seiner Order bestimmen. Hierbei gibt es oft die Möglichkeit, eine Gültigkeit bis zur Stornierung durch den Trader (*GTC – good till cancelled*) oder aber Beginn und Ende der Gültigkeit auf bestimmte Zeitpunkte festzulegen (*GAT – good after time* beziehungsweise *GTD – good till date*).

Die Ausführungsweise einer Order kann ebenfalls modifiziert werden. Soll die Order nur sofort und vollständig ausgeführt oder ansonsten gelöscht werden, so ist sie mit dem Zusatz FOK (*fill or kill)* zu versehen. Im Unterschied dazu wird durch den Zusatz IOC – immediate or cancel erreicht, dass zumindest eine sofortige Teilausführung zugelassen wird. Dann wird allein der nicht sofort ausführbare Teil der Order wieder gelöscht.

MTL-Orders (*market to limit*) werden zunächst als Market-Orders ausgeführt. Kommt es dabei aber zu einer Teilausführung, so wird die restliche Market-Order gelöscht und in derselben Höhe wird automatisch eine Limit-Order erteilt. Das Limit entspricht dabei dem Ausführungspreis der teilausgeführten Market-Order. So kann der Trader Teilausführungen zu unterschiedlichen Preisen verhindern.

Dann kann es sein, dass der Trader seine Limit-Order nicht von vornherein sichtbar im Orderbuch stehen haben möchte. Hierfür wird manchmal der Zusatz MIT – *market if touched* angeboten. In diesem Fall wird die Übermittlung der Order so lange zurückgehalten, bis ein festgelegter Kurs erreicht ist.

VII

KAPITEL 7: TRENDS

Im Trading ist es unerlässlich, Trends zu identifizieren und sie in Gewinne umzumünzen. Deshalb erscheint es gerechtfertigt, diesem Thema ein ganzes Kapitel zu widmen.

1 Was sind Trends?

Trends sind in vielen Bereichen unseres Lebens zu finden. Einen Trend nennt man umgangssprachlich eine außerordentliche Entwicklung einer Sache innerhalb eines bestimmten Zeitraums in eine bestimmte Richtung. Hierbei ist besonders hervorzuheben, dass einmalige Entwicklungsbewegungen, egal in welchem Bereich, noch nicht sofort als Trend anzusehen sind, sondern dass sie auch als einzelne Bewegung betrachtet werden müssen. So spricht man sowohl im Börsenhandel als auch in anderen Bereichen allgemein erst von einem Trend, sobald mehrere Bewegungen der zugrunde liegenden Größe in eine Richtung laufen und sich eine gewisse Nachhaltigkeit herausbildet.

Ein anschauliches Beispiel für einen Trend, von welchem sogar die gesamte Menschheit betroffen ist, ist die Veränderung des weltweiten Klimas. Die weltweite Durchschnittstemperatur steigt von Jahr zu Jahr, und ein Ende dieser Entwicklung ist nicht abzusehen. Sie hält seit Jahren an. Fast jährlich werden neue Temperatur-Höchststände erreicht und ein Ende ist nicht in Sicht. Damit ist diese Entwicklung ganz klar ein nachhaltiger Trend.

Erreicht eine messbare Größe, welcher Art auch immer, jeweils nach der gleichen Zeit immer wieder neue Extrempunkte in der gleichen Entwicklungsrichtung, ohne sich in diesem Zeitrahmen nominal in die entgegengesetzte Richtung zu verändern, kann man ganz allgemein von einem Trend sprechen. Hierbei ist, immer der Zeitraum und eine gewisse Schwankungsbreite zu beachten.

Ein weiteres allgemeines Beispiel für einen Trend ist das weltweite Bevölkerungswachstum. Die Zahl der Menschen auf der Erde steigt stetig und schnell. Praktisch nach jeder zeitlichen Periode stellt sich ohne merkliche Rückgänge eine höhere Bevölkerungszahl ein. Somit kann man von einem Aufwärtstrend der weltweiten Bevölkerung sprechen.

Ähnlich ist es im Börsenhandel. Auch hier ist besonders häufig von Trends die Rede. An der Börse wird speziell die Wertveränderung eines Wertpapiers, wie zum Beispiel einer Aktie, betrachtet. Was beim Trend des weltweiten Klimawandels die immer höheren Durchschnitts-Temperaturen sind, ist beim Börsenhandel der stetig steigende oder fallende Wert eines Wertpapiers.

Trends (vgl. Abbildung 13) entwickeln sich hier durch einen deutlichen Überhang von Kauf- oder Verkaufsinteressen in einem bestimmten Zeitraum. So wird zum Beispiel eine Aktie durch ein erhöhtes Kaufinteresse, das ein Jahr lang anhält, immer weiter steigen und stets höhere Kurse erreichen. Ebenso können sich Trends in einem kürzeren Zeitrahmen ausbilden und definiert werden. Dementsprechend fällt in diesem Buch immer wieder der Begriff »Trendgrößen«.

Ein Überhang von Kauf- oder Verkaufsinteressen kann unterschiedliche Gründe haben. Erst die Summe aller Gründe und Marktteilnehmer führt zum entsprechenden Resultat. Dabei können fundamentale Ursachen wie die Unterbewertung eines Wertpapiers eine Rolle spielen. Auch wirtschaftspolitische Maßnahmen, wie die Währungs- und Zinspolitik eines Landes, wirken sich sowohl auf den Gesamtmarkt als auch auf Einzelwerte aus. Und natürlich kann sich auch aus technischer Sicht der Wert eines Wertpapiers stetig verändern.

Von den rein technischen Händlern bis hin zu den fundamentalen Anlegern lassen alle Marktteilnehmer zumindest den allgemeinen technischen Zustand eines Wertes, sprich den Chart, mit in ihren Handel einfließen. So erlangte die technische Analyse im heutigen Börsenhandel eine weitreichende Bedeutung. Da die technische Trenddefinition die wohl bekannteste Formation der Chartanalyse ist, ist sie in der Regel auch allen Marktteilnehmern bekannt. Früher oder später stolpert jeder Händler darüber. Nur ist vielen nicht bewusst, was es mit dieser Popularität auf sich hat und warum die Trendanalyse auch sinnvoll und wichtig für den eigenen Handel ist.

Dafür gibt es mehrere Gründe. Wenn sich der Wert eines Wertpapiers nominal und stetig in eine Richtung entwickelt, geschieht dies quasi immer in Form eines Trends nach technischer Definition, und das ist auch für jeden Marktteilnehmer am Chart ersichtlich. Gerade Letzteres ist entscheidend. Der Trend ist eines der wenigen Instrumente der technischen Analyse, welches von allen Marktteilnehmern gesehen werden kann, denen ein Chart vorliegt.

Da Trends aus der Entwicklung eines Wertes und unterschiedlichen Extrempunkten wie Hochs und Tiefs bestehen und diese sich aus der reinen grafischen Aufzeichnung, der chronologischen Wertentwicklung in einem Chart ergeben, ist ein Trend auch eines der wenigen technischen Instrumente, welche direkt von der Börse gespeist werden und keine weitere Aufbereitung des Händlers benötigen. Weil Instrumente der technischen Analyse an Bedeutung gewinnen, je mehr Marktteilnehmer dasselbe sehen, ist der Trend, dadurch dass er von jedem erkannt werden kann, das wichtigste Instrument überhaupt. Er hat damit auch die höchste Wertigkeit.

Letztlich entwickelt sich ein Trend, wie schon erwähnt, aus dem allgemeinen Interesse. Er wird nicht von einem bestimmten Kreis an Marktteilnehmern hervorgerufen, sondern ist in der Regel die Summe aller Kauf- und Verkaufsabsichten der Marktteilnehmer, auch wenn nicht immer alle zur gleichen Zeit einer Meinung sind und ein gleich starkes Kauf- oder Verkaufsinteresse haben. Deswegen spricht man auch von einem Überhang, welcher dazu führt, dass sich der Wert nominal und in einem bestimmten Zeitraum immer weiter in eine Richtung entwickelt. So spricht man zum Beispiel von einem Aufwärtstrend, sobald der Wert einer Aktie innerhalb eines Jahres stetig steigt und immer höhere Kurse markiert. Spiegelbildlich verhält sich der Chart bei einem Abwärtstrend, bei dem der Wert des Wertpapiers stetig fällt.

Im Börsenhandel und im technischen Trading ist der Trend ein zentrales Werkzeug, welches Rückschlüsse auf die allgemeine Entwicklung eines Werts zulässt, also darüber, in welche Richtung sich der Preis in einem bestimmten Zeitrahmen entwickelt hat. Ebenso ist es möglich, anhand des Zustandes und der Trendphasen auf das Verhalten der investierten oder auch der noch nicht investierten Marktteilnehmer zu schließen. Beim eigenen Handel ist der Trend ein Maßband für das eigene Risiko- und Money-Management und für die Trade-Verwaltung, wonach der Trader seine Positionsgröße berechnen kann, bestimmen kann, wo er seine Stops setzt, und überdies erkennt, wann es nötig ist, Positionen wieder zu schließen.

Abbildung 13: S&P-500-Chart seit 2008

2 Definition

Im Trading ist die technische Definition für einen Trend von besonderer Bedeutung. So wird dieser nicht nur als Hilfsmittel zur Bestimmung der Entwicklungsrichtung verwendet, sondern auch als essenzielles Werkzeug für den Handel an sich. Einstiege, Stopsetzung und Ausstiege richten sich nach der technischen Trenddefinition und geben dem Händler ein starr formuliertes Regelwerk, welches bei korrekter Anwendung keine Interpretationen zulässt.

In der Regel befindet sich der Kurs eines Wertpapiers in einer ständigen Entwicklung. So kann sich der Wert gerade in einem Aufwärts-, Abwärts- oder Seitwärtstrend befinden. Am Anfang eines Aufwärts- oder Abwärtstrends steht immer eine erste Bewegung in die entsprechende Richtung. Allein durch diese erste bedeutende Bewegung liegt noch kein Trend vor. Erst nach einem Rücklauf, im Folgenden Korrektur genannt, und dem anschließenden Über- oder Unterschreiten des durch Bewegung und Korrektur entstandenen ersten Hoch- oder Tiefpunktes, liegt nach Definition ein Trend vor. Diese Über- oder Unterschreitung sollte durch einen Schlusskurs der jeweiligen Zeiteinheit über oder unter dem zugrunde liegenden Hoch oder Tief bestätigt werden. Abbildung 14 verdeutlicht dies.

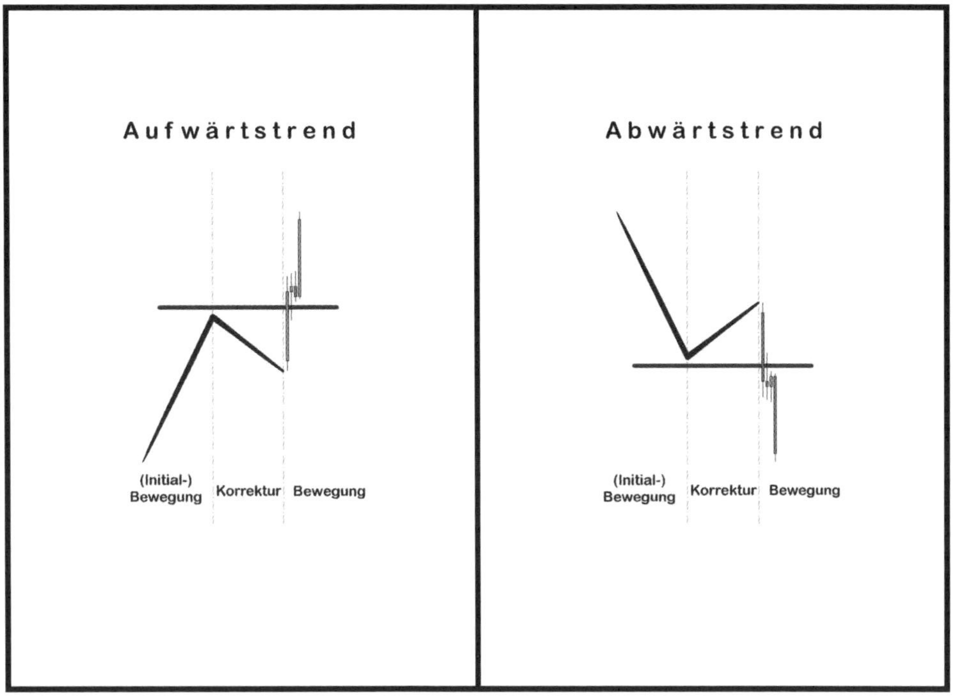

Abbildung 14: Trend-Definition

Aber wie entsteht überhaupt ein Trend? Im Kapitel über die Marktteilnehmer haben wir bereits festgestellt, dass es an der Börse extrem wichtig ist, sich in die anderen Marktteilnehmer hineinzuversetzen. Genau dieser Gedanke ist auch für das Verständnis von Trends wichtig. Gehen wir davon aus, dass bei einer bestimmten Anlage, zum Beispiel einer Aktie, eine kräftige Bewegung stattfindet. Die Gründe für diese Bewegung sind nicht wichtig. Entscheidend ist, sich als Trader in die Lage der anderen Marktteilnehmer hineinzuversetzen.

Stellen Sie sich vor, Sie hätten die Aktie vor Beginn dieser Bewegung gekauft. Dies würde bedeuten, dass Sie sich jetzt mit ihrer Position weit im Gewinn befinden. Nun würden Sie sehr wahrscheinlich auf den Gedanken kommen, Ihren Gewinn irgendwann mitzunehmen. Denn letzten Endes kann ein Händler ja nur Geld verdienen, indem er seine Buchgewinne auch realisiert. Je weiter Ihre Position sich im Gewinn befindet, desto mehr wird sich dieser Gedanke aufdrängen. Und nicht nur Ihnen wird es so gehen, sondern auch vielen anderen Marktteilnehmern, die zu Beginn oder im Laufe dieser Bewegung in die Aktie eingestiegen sind. Also werden nicht nur Sie, sondern auch andere Marktteilnehmer nach und nach die Buchgewinne realisieren, was dazu führt, dass die Aktie langsam korrigieren wird.

Gehen wir nun davon aus, dass die Aktie eine Korrektur macht. Auch jetzt sollten Sie sich in die Situation der anderen Marktteilnehmer hineinversetzen. Wenn Sie in der Bewegungsphase Geld verdient haben und nun sehen, dass die Aktie wieder deutlich tiefer notiert, dann kämen Sie sicherlich auf die Idee, jetzt wieder zum günstigeren Kurs einzusteigen. Und genau diesen Gedanken haben auch andere Marktteilnehmer, die im Vorfeld an der Aufwärtsbewegung partizipiert haben. Dies bedeutet, nach der Korrekturphase setzt eine erneute Aufwärtsbewegung ein, weil viele Marktteilnehmer den günstigen Kurs ausnutzen wollen. Sollte jetzt das Hoch der vorangegangen Bewegungsphase durchbrochen werden, dann haben wir zum ersten Mal einen Trend. Denn ein Trend besteht immer aus Bewegungen und Korrekturen, wobei bei einem Aufwärtstrend wie hier geschildert die Hoch- und Tiefpunkte im Zeitablauf immer höhere Werte erreichen.

Sollte die Aktie nun wieder weit über das Hoch hinauslaufen, passiert dasselbe wie nach der ersten Aufwärtsbewegung. Einige Marktteilnehmer, die mit ihrer Position weit im Gewinn liegen, werden nach und nach ihre Gewinne mitnehmen. Damit setzt die nächste Korrektur ein. Bei einem Abwärtstrend müssen Sie dieselbe Logik anwenden. Auch ein Abwärtstrend besteht aus Bewegungen und Korrekturen, wobei hier der Trend aus immer tieferen Hoch- und ebenfalls immer tieferen Tiefpunkten besteht. Je länger sich ein Abwärtstrend in der Bewegungsphase befindet, desto wahrscheinlicher ist es, dass irgendwann die Korrektur einsetzt. Große Marktteilnehmer, die Millionen- oder sogar Milliarden-Beträge in verschiedenen Anlageklassen unterbringen, müssen ihre Orders aufteilen, so dass es teilweise mehrere Tage bis Wochen dauert, bis eine einzige Aktienposition aufgebaut ist, und der Positionsabbau dieselbe Zeit in Anspruch nimmt. Es wäre nicht möglich, dass ein großer Marktteilnehmer seine Position mit einer Order aufbaut, weil das Orderbuch einer Aktie oder einer anderen Anlage das nicht verkraften würde. Die Order wäre einfach viel zu groß, so dass dieser Marktteilnehmer einen sehr viel schlechteren Ausführungskurs bekommen würde. Diesen Positionsauf- und -abbau erkennt man an den entsprechenden Trendbewegungen – und die Logik hinter einem Trendaufbau darf ein Trader nicht ignorieren. Das Verständnis des Trends ist einer der wichtigsten Punkte im professionellen Handeln.

Somit besteht der erste Teil der Trenddefinition aus einer Bewegung in Richtung höherer oder tieferer Börsenkurse, einer Korrektur dieser Bewegung sowie dem Über- oder Unterschreiten des dadurch gebildeten Hochs oder Tiefs per Schlusskurs. Dieser Ablauf kann als hinreichende Phase eines Trends bezeichnet werden.

Doch dieses Signal reicht noch nicht aus, um wirklich einen stabilen und nachhaltigen Trend auszumachen. Erst nach einer Wiederholung dieses Szenarios kann von einem sich etablierenden Trend gesprochen werden. Durch diese Wiederholung mit den gleichen Bestandteilen von Bewegung und Korrektur in dieselbe Richtung ergeben sich aufsteigende Hochs und Tiefs bei der Entwicklung eines Aufwärtstrends und fallende Hochs und Tiefs bei einem Abwärtstrend. Dementsprechend sind im Anschluss an den ersten Teil der Trenddefinition eine weitere Korrektur und eine dritte Bewegung in Trendrichtung über das zweite Hoch hinaus notwendig, um einen etablierten Trend zu definieren. Diese Etablierung wird auch Trendbestätigung genannt. Abbildung 15 veranschaulicht dies.

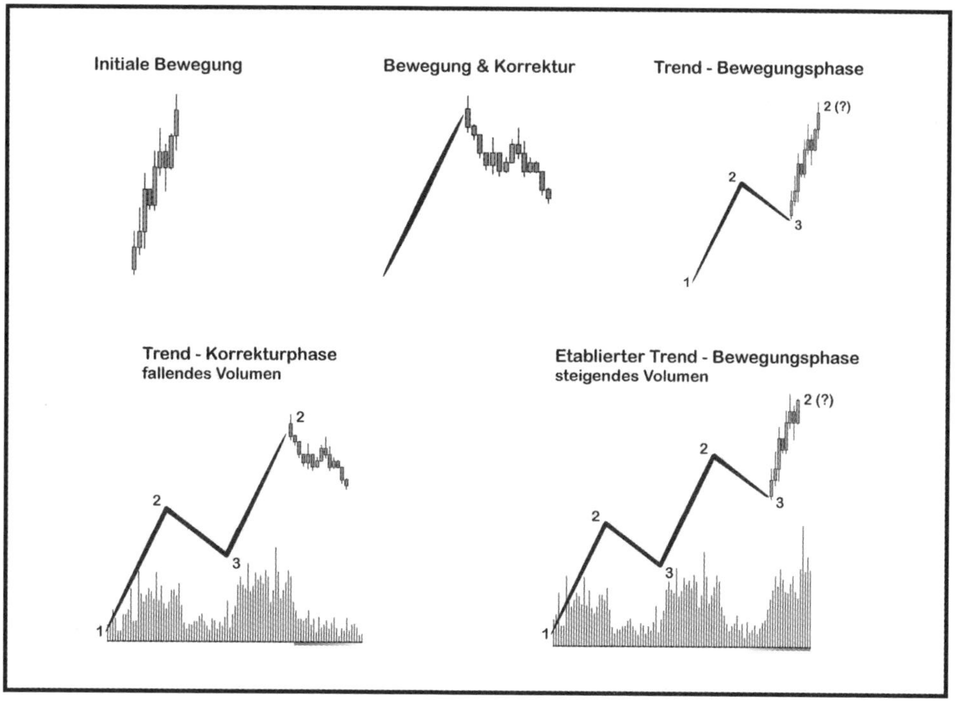

Abbildung 15: Trendbildung

Also besteht ein Trend, der als hinreichend bestätigt qualifiziert wird, aus einer Bewegung, der darauffolgenden Korrektur und einer zweiten Bewegung, welche das sich ergebene Hoch oder Tief über- oder unterschreitet. Die Trendbestätigung erfolgt erst nach einer Wiederholung der ersten Phase und besteht aus einer weiteren Korrektur und Bewegung in Trendrichtung. Durch diese zweite Phase entsteht erstmals das wichtige Merkmal von technischen Trends – aufsteigende Hochs und Tiefs innerhalb eines Aufwärtstrends und fallende Hochs und Tiefs als Bestandteile eines Abwärtstrends. Um die einzelnen Bestandteile und Phasen eines Trends festzuhalten und zu nummerieren, erfolgt eine technische Zählung im Chart. Diese Zählung beginnt nach der hinreichenden Phase eines Trends, also sobald ein erstes Trendsignal beziehungsweise ein Trend nach Definition vorliegt. Die erste Bewegung wird mit der Zahl 1 bezeichnet. Das Hoch oder Tief, welches sich durch das Über- oder Unterschreiten der zweiten Bewegung ergeben hat, wird mit einer 2 betitelt und im Folgenden auch Punkt 2 genannt. Das nächste Hoch oder Tief, welches den Anfang der nächsten Bewegung markiert, wird mit einer 3 beziffert und im Folgenden Punkt 3 genannt.

Fortlaufend werden weitere Hochs und Tiefs, welche sich aufgrund der Trendentwicklung ausbilden, weiterhin mit 2 und 3 definiert. Ein neuer Punkt 2 wird immer erst nach dem Über- oder Unterschreiten des Hochs oder Tiefs der vorherigen Trendphase festgehalten. So kann der bevorstehende, noch nicht bestätigte Punkt 2 als Punkt 2 mit Fragezeichen beschriftet werden. Das Fragezeichen wird erst gestrichen, wenn sich der Trend tatsächlich fortgesetzt hat. Abbildung 16 zeigt die Nummerierung bei etablierten Trends.

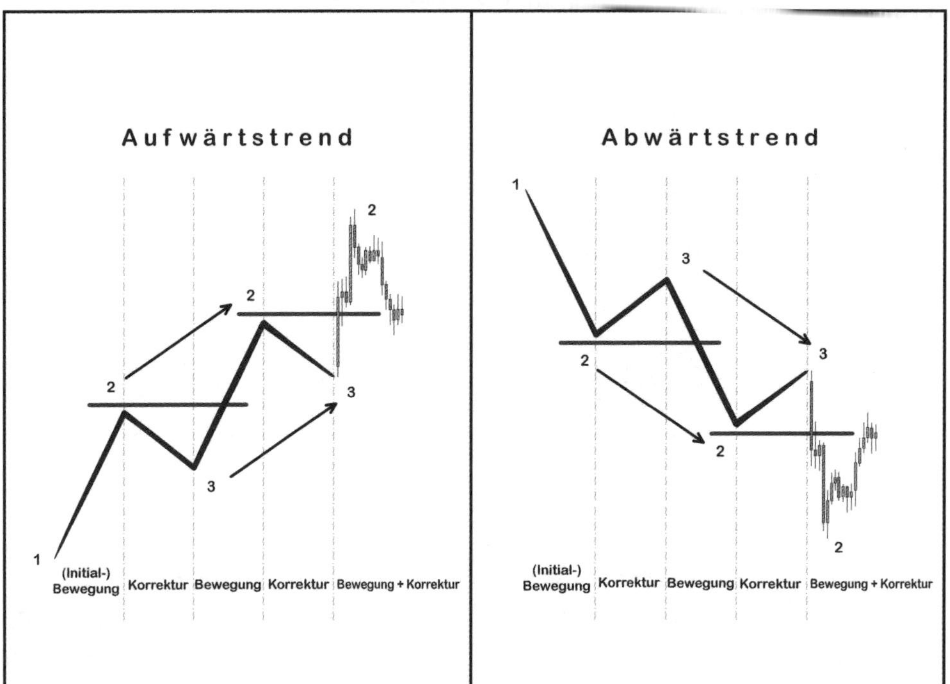

Abbildung 16: Etablierter Trend

Indem man Entwicklungen in dieser Form festhält, ist es im Börsenhandel möglich, Trends auch technisch sehr genau zu definieren. So kann jeder Betrachter Trends ermitteln, welche sich im Chart eines Finanzwertes ergeben, und er kann sie auch von vergangenen Entwicklungsphasen abgrenzen. Außerdem lassen sich dadurch Rückschlüsse darauf ziehen, wie intakt ein Trend aktuell ist und wie sich die Marktteilnehmer verhalten.

Für den professionellen Trendhandel und die zugrunde liegende Chartanalyse sind weitere Merkmale von Trends und von deren Phasen zu beachten. Den Trendhandel ausschließlich aufgrund einer Definition nach Hoch- und Tiefpunkten zu betreiben, führt zu keiner professionellen Handelsweise. Erst wenn weitere Merkmale im Zusammenspiel mit dieser Definition vorliegen, sind genauere Rückschlüsse auf den Verlauf eines Wertes und eine professionelle Chartanalyse auf der Grundlage der Trenddefinition möglich. Beispielsweise sollten die einzelnen Bestandteile eines Trends durch entsprechende Handelsumsätze des zugrunde liegenden Finanzwerts bestätigt werden. Im Folgenden werden diese Handelsumsätze auch »Volumen« genannt. Die beiden Abbildungen 17 und 18 zeigen die typische Entwicklung des Volumens in den einzelnen Trendphasen.

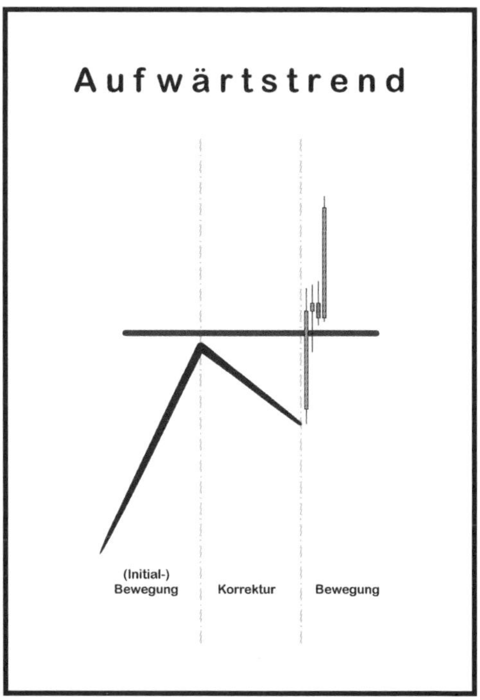

Abbildung 17: Aufwärtstrend

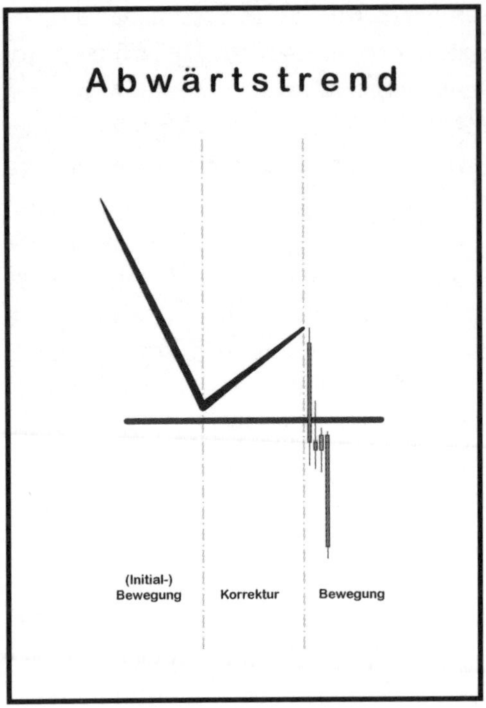

Abbildung 18: Abwärtstrend

Warum Trends? Als Charttechniker braucht ein Trader immer eine Richtung, die ihm der Chart vorgibt. Ein Trend verrät ihm, in welche Richtung die großen Marktteilnehmer gerade unterwegs sind. Die großen Marktteilnehmer hinterlassen ihre Spuren in Form von Trends im Chart. Deswegen ist es immer sinnvoll, mit dem Trend zu handeln und niemals dagegen. Denn ein einzelner Trader hat keine Chance, die Kurse zu bewegen. Das große Kapital kann das hingegen. Der Trend gibt also immer die Richtung vor, in die ein Händler handeln sollte. Alle Informationen, die er benötigt, sind im Chart enthalten.

2.1 Bewegung und Korrektur

Einfach gesagt besteht ein Trend, wie gesagt, aus Bewegungen und Korrekturen. Dadurch entstehen im Chart markante Hochs und Tiefs. Wie diese einzelnen Bestandteile verlaufen und welche Eigenschaften sie aufweisen, ist grundsätzlich für den Trendaufbau nicht wichtig. Trotzdem gibt es bezogen auf den Charakter einer Bewegung im Vergleich zu einer Korrektur Merkmale, welche die Stärke und Wertigkeit eines Trends verstärken können. So ist es dem technischen Händler möglich, zwischen Trends zu unterscheiden, die für den Handel interessant sind, und Trends, die es nicht sind. Denn Trends mit niedriger Wertigkeit, deren Bestandteile erkennbare Nachteile aufweisen, führen über kurz oder lang zu einer schlechteren Trefferquote. So ist neben der Aneignung der Theorie die Schulung des eigenen Auges einer der wichtigsten Schlüssel zum Handel mit Trendfolge-Systemen.

Die Bestandteile von Bewegung und Korrektur weisen im Idealfall die folgenden charakteristischen Eigenschaften auf:

Bewegungen geben die Richtung eines Trends vor und sind gekennzeichnet durch eine deutliche Wertveränderung. Hierbei ist zu beachten: Im Kerzen-Chart besteht eine Bewegung aus mehreren aufeinanderfolgenden großen und deutlichen Kerzenkörpern, die im Aufwärtstrend höhere beziehungsweise im Abwärtstrend tiefere Schlusskurse markieren. Zeitlich verlaufen Trendbewegungen schneller als Korrekturen. Das bedeutet, dass die von Stärke geprägte Bewegung eine stärkere Kursentwicklung nach sich zieht, dass diese aber oftmals ein schnelleres Ende findet als eine Korrektur. Somit bestehen die Bewegungen in Trendrichtung im Idealfall aus weniger Kerzen als die darauffolgenden Korrekturen.

Ein Trendfolger sollte unter diesen Voraussetzungen also immer den Anspruch haben, die sauberen, schnellen Bewegungen mitzunehmen. Aus diesem Grund empfiehlt es sich nicht, irgendwo in einem Trend einzusteigen, sondern es lohnt sich vielmehr, immer die Korrektur abzuwarten und dann einen Einstieg zu finden. Wie die Einstiege konkret aussehen, wird später noch ausführlich besprochen. Zunächst geht es darum, die Logik des Trendaufbaus zu verstehen. Es gibt also Phasen während eines Trends, die für einen Händler völlig uninteressant sind, z. B., wenn sich der Trend bereits weit in der Bewegung befindet. Die Gewinnmitnahmen bzw. die Korrektur könnte jederzeit kommen, denn je weiter sich ein Trend in der Bewegung befindet, desto wahrscheinlicher ist es, dass bald die Korrektur einsetzt. Und in dieser Phase lohnt es sich nicht, sich zu engagieren.

Korrekturen sind Entwicklungsrückgänge bezogen auf die vorhergehende Trendbewegung. Sie können die vorausgegangene Bewegung um bis zu 100 Prozent korrigieren, ohne damit die Intaktheit des zugrunde liegenden Trends in Frage zu stellen. Korrekturen verlaufen entgegen der Trendrichtung meist mit wenig Dynamik, sie dauern meist länger an als die Bewegungen und bestehen entsprechend aus mehr Kerzen der betrachteten Zeiteinheit.

Nach der Trenddefinition wird eine Korrektur ausschließlich dadurch bestimmt, dass der letzte Punkt (Punkt 3) der Trendzählung nicht über- oder unterschritten wird. Deshalb kann eine Korrektur ebenso stark verlaufen wie eine Bewegung, und sie kann sich ebenso schnell und deutlich vollziehen. Nach dieser Definition einer hinreichenden Bedingung für einen Trend ist es auch möglich, dass Bewegungen schwächer verlaufen als Korrekturen. Für die Definition und Feststellung eines Trends ist einzig die Entwicklung immer neuer Extrempunkte in Trendrichtung ausschlaggebend.

Diese sich widersprechenden Tatsachen sind wichtig, um den Unterschied zwischen für den Handel interessanten und für den Handel uninteressanten Trends zu veranschaulichen. Es gibt also eine einfache Definition der Trendbestimmung und eine vertiefende, für den Handel entscheidende Definition, die die charakteristischen Eigenschaften der Trendbestandteile einbezieht.

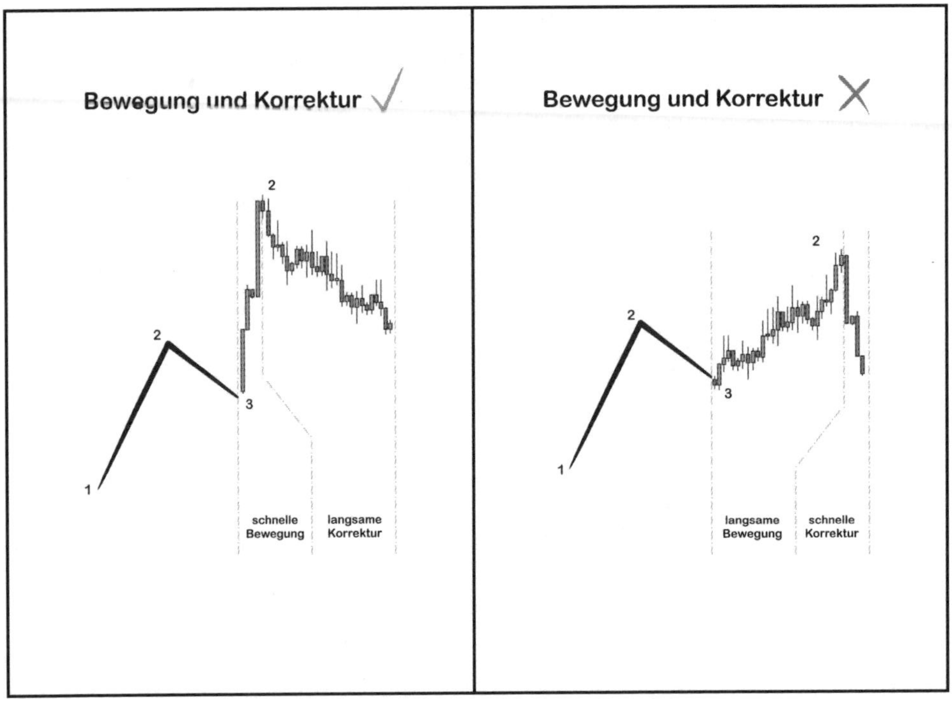

Abbildung 19: Bewegung und Korrektur im Aufwärtstrend

Diese Bestandteile sind klar zu definieren und auseinanderzuhalten. Es stehen sich im Idealfall starke Bewegungen in Trendrichtung und schwache Bewegungen entgegen der Trendrichtung, welche Korrekturen genannt werden, gegenüber. Hierbei zeichnet sich die Schwäche der Korrekturen durch deutlich unschöne und uneinheitliche Kerzenkörper ab, die sich aufgrund des sinkenden Volumens herausbilden. Sollte eine Korrektur genauso stark bzw. sogar stärker als eine Bewegung verlaufen, wäre bereits das ein Ausschlusskriterium für den Handel. Denn jeder professionelle Händler möchte zusätzlich zu den aufeinanderfolgenden, immer neuen Hoch- und Tiefpunkten eine weitere Sicherheit erhalten, um Rückschlüsse darauf zu ziehen, ob ein Trend intakt ist oder nicht. Sollten die charakteristischen Eigenschaften von Bewegung und Korrektur nicht im Einklang stehen, kann etwas mit dem vorhandenen Trend nicht stimmen. Das Risiko für einen Verlust-Trade würde sich für den Händler in einem solchen Fall erhöhen. Nachdem er sein Auge genügend auf diese Erkennungszeichen intakter Trends geschult hat, sollte ein professioneller Trader nach einigen Sekunden jeden Wert charttechnisch einschätzen können. Abbildung 20 zeigt die charakteristischen Eigenschaften von Trends und macht deutlich, welche für den Handel interessant sind und welche nicht.

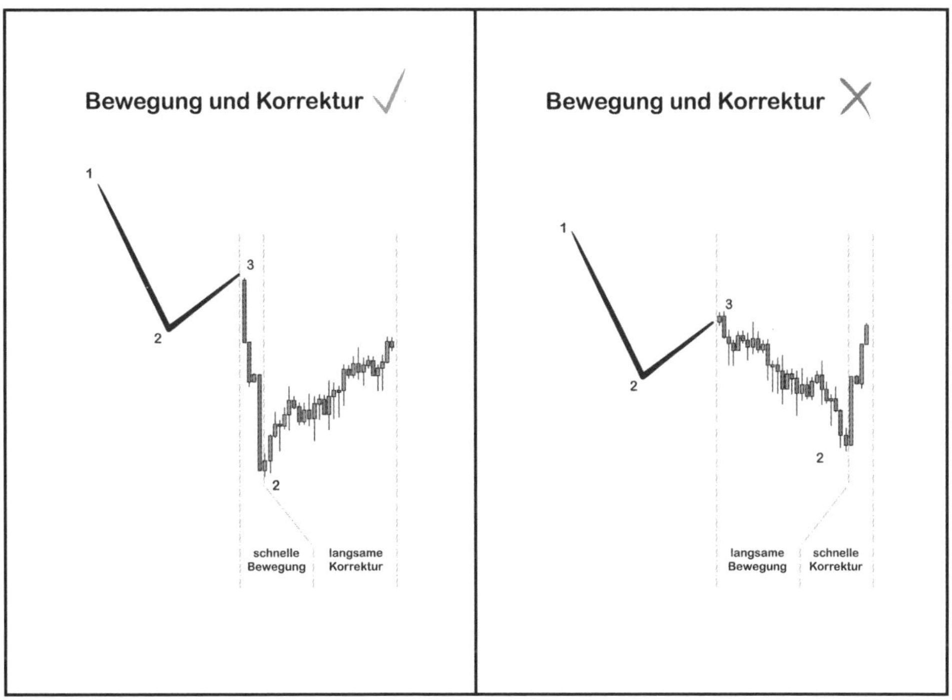

Abbildung 20: Bewegung und Korrektur im Abwärtstrend

2.2 Volumen in den Trendphasen

Eines der wichtigsten Werkzeuge für den technischen Händler ist das Volumen. Oftmals wird dem Volumen von unerfahrenen Tradern nur wenig oder gar keine Aufmerksamkeit geschenkt, obwohl dieses Merkmal essenziell für die Bestimmung von starken Trends und von einem Überhang an Nachfrage ist. Somit spielt das Volumen eine große Rolle und hat eine entscheidende Aussagekraft im Hinblick auf den weiteren Markt- oder Trendverlauf. Grundsätzlich ist das Volumen nichts anderes als die Summe der gehandelten Stücke eines Wertpapiers in der entsprechenden Zeiteinheit. Das ist keine komplizierte Sache, besitzt aber dadurch, dass wir das Verhalten der Marktteilnehmer in der Vergangenheit nachvollziehen können, eine sehr hohe Wertigkeit. Weil es sich beim Volumen aber nur um die Summe der Umsätze eines Wertpapiers handelt, ist nicht sofort zu erkennen, auf welcher Seite der Überhang bestand, auf der Käufer oder auf der Verkäuferseite. Das Volumen ist daher nur im Zusammenhang mit den dazugehörigen Wertveränderungen von Interesse. Konkret zieht man es in den unterschiedlichen Phasen von Bewegung und Korrektur eines Trends zum Abgleich heran.

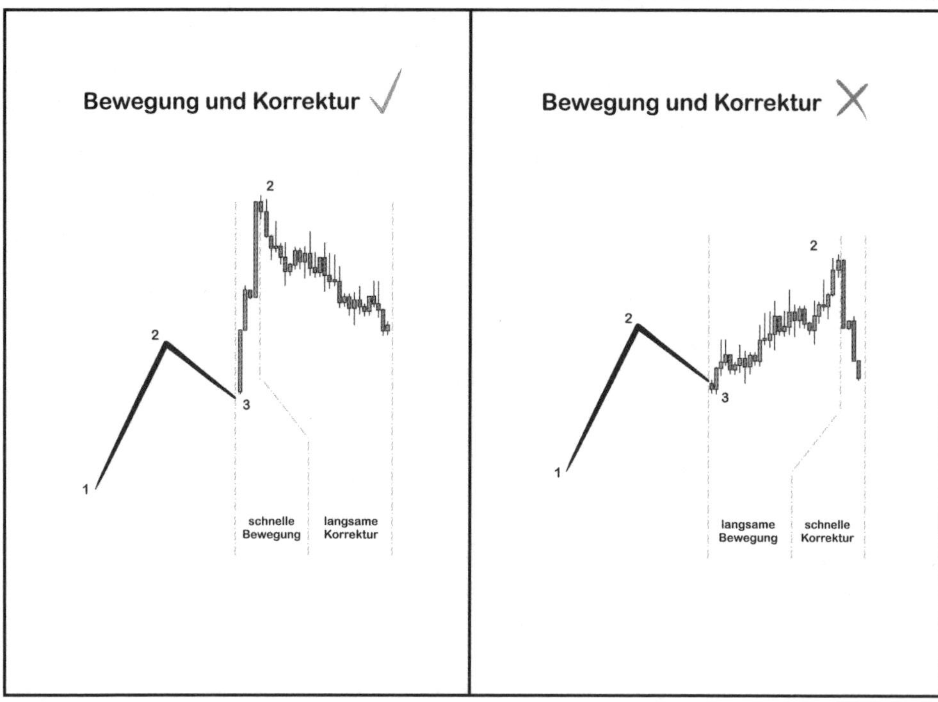

Abbildung 21: Bewegung und Korrektur im Aufwärtstrend + Volumen

Blendet man also das Volumen als Balkendiagramm zusätzlich in seinen Kerzenchart ein, ist es möglich zu schauen, in welcher der bekannten Marktphasen ein erhöhtes Volumen entstanden ist. Steigt das Volumen in den Bewegungen eines Trends und fällt es in den Korrekturen, so ist das ein starkes Indiz dafür, dass es sich um einen intakten und stabilen Trend handelt, dem zu folgen sich weiterhin lohnt.

Ebenso wie man durch den Abgleich von Volumen und Trendphasen feststellen kann, ob ein Trend stark ist und sich optimal entfalten kann, kann man erkennen, wenn das eben nicht der Fall ist oder wenn ein Trend zu kippen beginnt. Vorsicht ist geboten, wenn das Volumen nicht mit Bewegung und Korrektur zusammenpasst, sprich kein deutlich erhöhtes Volumen in den Trendbewegungen vorliegt. Ist das Volumen nicht auf der Seite der Bewegungen oder zeigt sich sogar in der Korrektur ein erhöhtes Volumen, so ist davon abzuraten, in solch eine Trendphase einzusteigen. Dies veranschaulichen die Abbildungen 22 und 23.

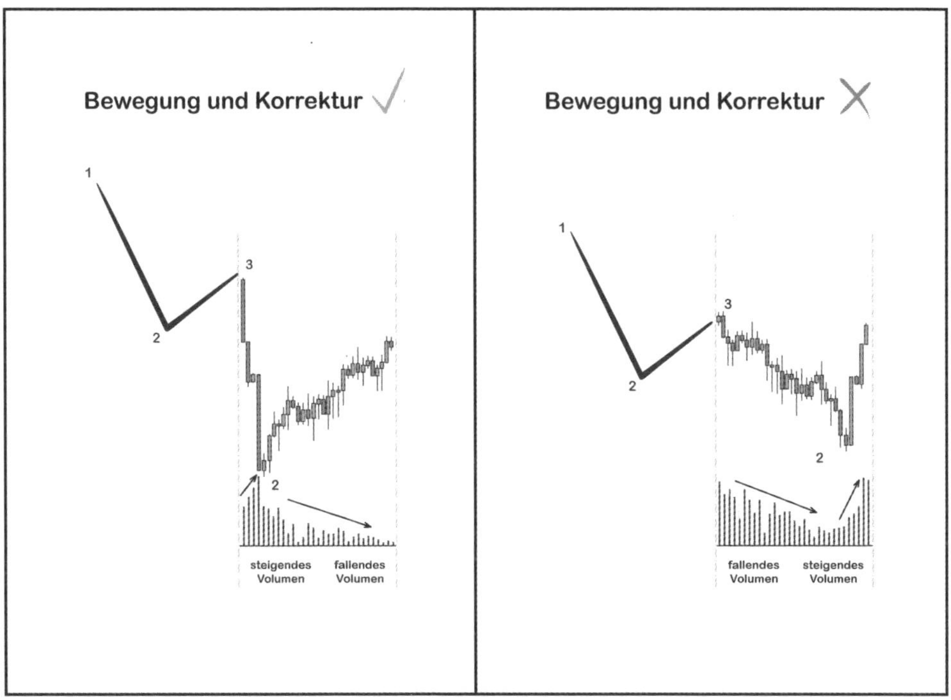

Abbildung 22: Bewegung und Korrektur im Abwärtstrend + Volumen

Oftmals lässt schon die Beschaffenheit der Kerzenkörper Rückschlüsse auf das Volumen zu. Häufig sehen die Kerzenkörper bei erhöhtem Volumen groß und dynamisch aus und kleiner und weniger ausgeprägt bei niedrigem Volumen. Das ist aber nicht immer der Fall, auch wenige Marktteilnehmer sind in der Lage, den Markt stark und dynamisch in eine Richtung zu bewegen. Aus diesem Grund hat ein Trend die höchste Wertigkeit für einen Händler, wenn beides zusammenkommt: wenn also die schon beschriebenen charakteristischen Eigenschaften von Bewegung und Korrektur vorhanden sind und wenn das Volumen zu den einzelnen Trendphasen passt.

Letztlich ist das Volumen eines der wichtigsten Werkzeuge für den professionellen Handel an den Börsen. Denn es ist ein Instrument, das unverfälscht und fair direkt vom Börsenplatz zur Verfügung gestellt wird, und es offenbart dem Händler auf ziemlich einfache Weise, in welche Richtung das große Geld unterwegs ist. Dementsprechend handelt ein professioneller Trendfolger immer mit dem Volumen und somit auch mit der Masse der Marktteilnehmer. In Kombination mit der Trenddefinition ist es im Idealfall möglich, schnelle und deutliche Bewegungen mitzunehmen. Die Abbildungen 23 und 24 zeigen je ein Beispiel für einen solchen Abgleich von Trendmerkmalen und Handelsvolumen bei einem Aufwärts- und Abwärtstrend.

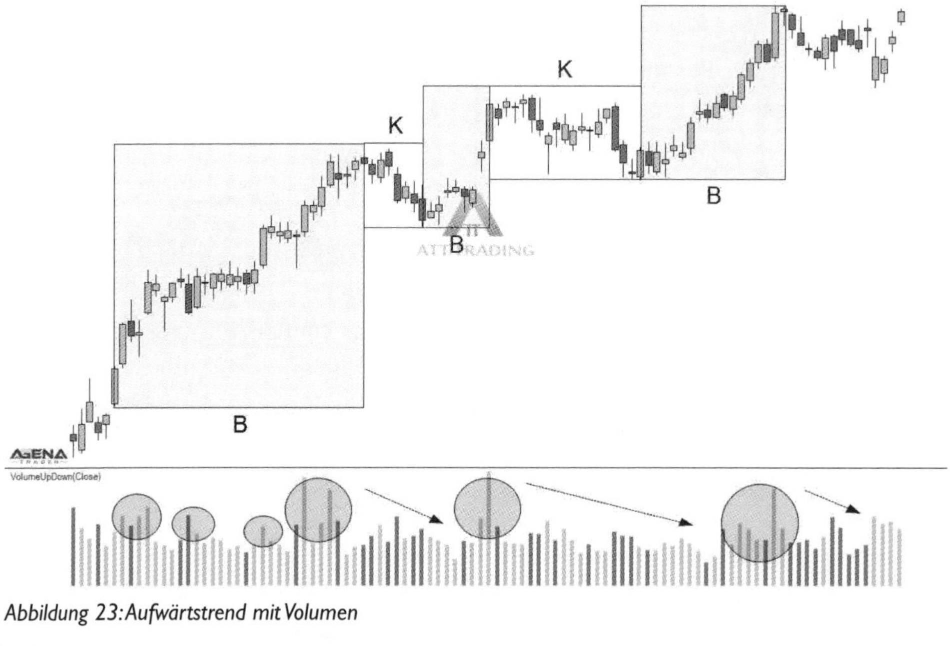

Abbildung 23: Aufwärtstrend mit Volumen

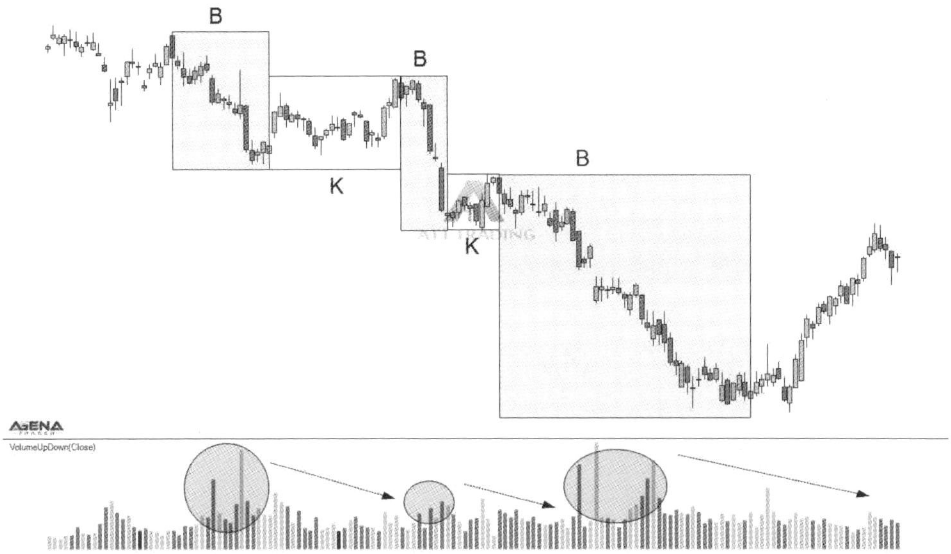

Abbildung 24: Abwärtstrend mit Volumen

3 Trendbruch und Gegensignal

Ebenso wichtig wie das Wissen um die Entstehung eines Trends ist das Wissen, wie lang ein Trend Bestand hat und wann er gebrochen ist. Ein Trendbruch bedeutet, dass sich der Trendhändler zurückhalten sollte und genau schauen muss, wie sich die Lage weiter entwickelt.

Technisch gesehen spricht man das erste Mal von einem Trendbruch, sobald der letzte Punkt (Punkt 3) des zugrunde liegenden Trends über- respektive unterschritten wurde. Das ist die hinreichende erste Regel, die jeder Händler verinnerlichen muss, und auch das, was die meisten Trader kennen. Oftmals wird genau diesem Szenario zu viel Aufmerksamkeit geschenkt, vor allem von Anfängern. Grundsätzlich muss unterschieden werden zwischen einem deutlichen Trendbruch mit Stärke und deutlich höheren oder tieferen Schlusskursen und einem Bruch mit Wiederumkehr des Kurses in Trendrichtung.

Dementsprechend ist bei einem Über- oder Unterschreiten des Punkts 3 zwar nach Definition von einem Trendbruch zu sprechen, aber im professionellen Handel muss dieser zunächst genau geprüft und beobachtet werden. Im Börsenhandel gilt: Niemals das Lineal anlegen! An solchen Punkten kann eine erste Bereinigung von Stops stattfinden, was aber nicht gleich dazu führen muss, dass das allgemeine Interesse, untermauert vom Volumen, in Trendrichtung verschwindet. Denn oftmals steigen professionelle Händler durch einen kleinen Stopabstand in genau solchen Situationen ein oder wieder ein und drücken den Kurs damit sehr schnell in die alte Trendrichtung. Deshalb gilt diese erste Art von Trendbruch zuerst nur als Indiz, das den Händler einerseits zur Vorsicht mahnt, ihm aber andererseits auch Chancen bietet. Sollte sich diese Art des Trendbruchs mit deutlicher Stärke vollziehen, so ist der Trend vorerst klar gebrochen und somit nicht mehr für den Handel interessant (zur Identifikation eines Trendbruchs, siehe Abbildung 25).

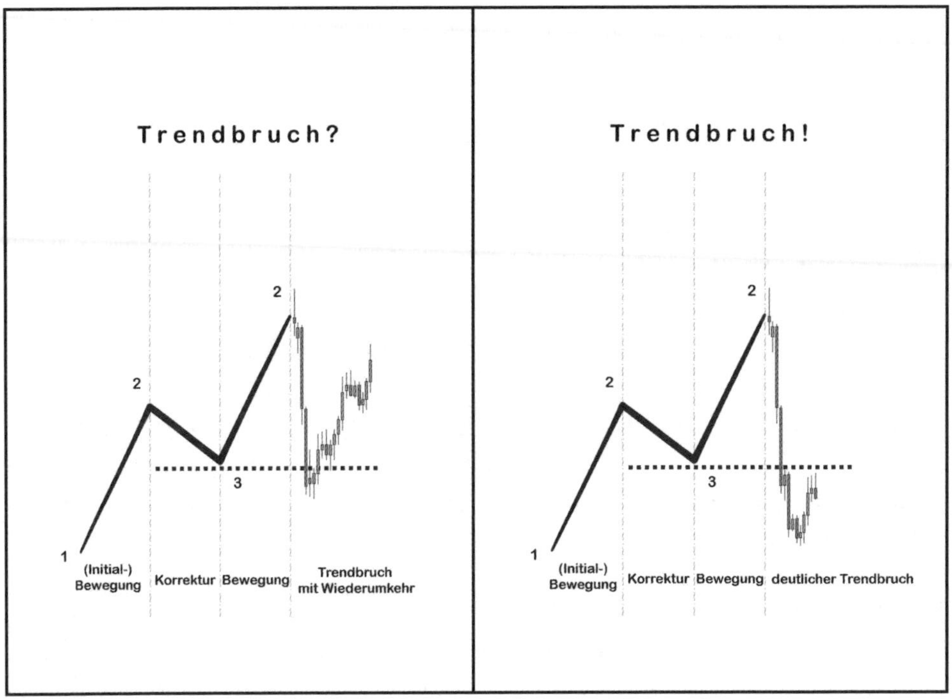

Abbildung 25: Trendbruch

Die zweite Art von Trendbruch besteht aus einer Trendumkehr oder einem Gegensignal. Beide Situationen bestehen aus den gleichen Bestandteilen, vollziehen sich aber an unterschiedlichen Punkten innerhalb eines Trends.

Eine Trendumkehr beschreibt einen Trendbruch nach Definition, zugleich bildet sich ein Trend in Gegenrichtung heraus. Somit ist auch hier zuerst das Über- oder Unterschreiten des letzten Punktes (Punkt 3) innerhalb eines intakten Trends not-

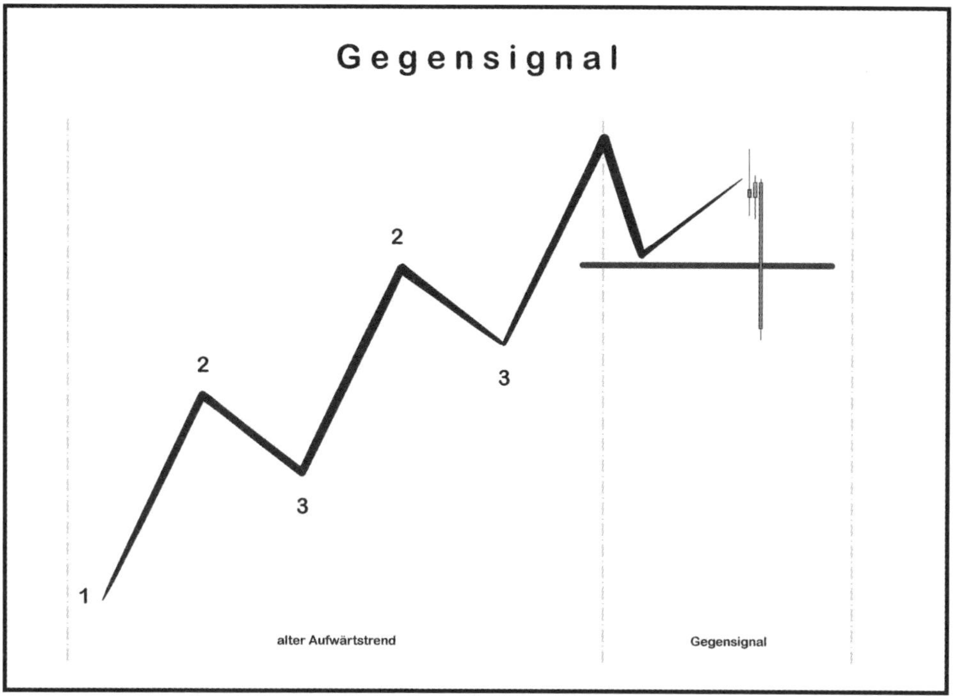

Abbildung 26: Gegensignal im Aufwärtstrend

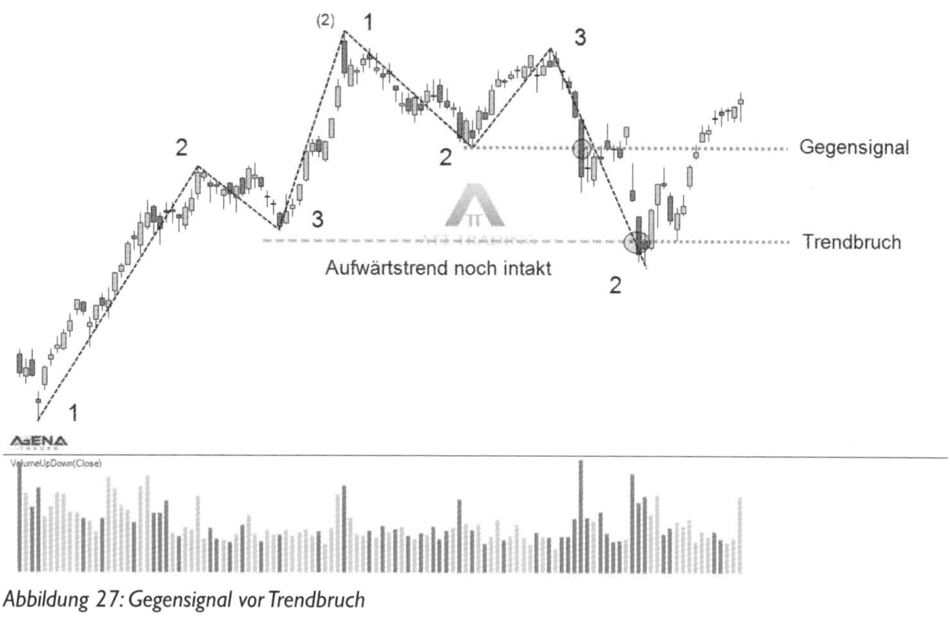

Abbildung 27: Gegensignal vor Trendbruch

wendig. Dieser Trendbruch sollte auch in diesem Beispiel deutlich zu erkennen sein. Daraufhin verläuft der Kurs zunächst korrektiv wieder in Trendrichtung, woraufhin er nochmals durch eine weitere starke Bewegung in die neue, sich bildende Trendrichtung über oder unter dem neuen Punkt 2 schließt. Damit hat sich ein eindeutiger, neuer Trend herausgebildet und der alte hat keine Relevanz mehr. Diese Konstellation aus Trendbruch und Neuetablierung eines Trends ist die deutlichste Form des Trendbruchs und lässt schlussendlich keine Zweifel mehr zu.

Anders sieht es bei einem Gegensignal aus (siehe Abbildungen 26 und 27). Letztlich spricht man von einem Gegensignal nur, wenn der alte Trend noch intakt ist. Bei einer Trendumkehr dagegen (siehe Abbildungen 28 und 29) entwickelt sich ein neuer, gegenläufiger Trend. Von einem Gegensignal ist die Rede, wenn sich der Trend in der gleichen Trendgröße umdreht, wenn aber der alte Trend noch nicht durch das Über- oder Unterschreiten des letzten Punktes 3 gebrochen wurde, wenn dieser also noch intakt ist. Dieses Szenario hat eine niedrigere Wertigkeit als die Trendumkehr mit Bruch. Deshalb ist es wichtig, solche Gegensignale besonders sorgfältig zu beobachten. Hier verliert der Trend allgemein an

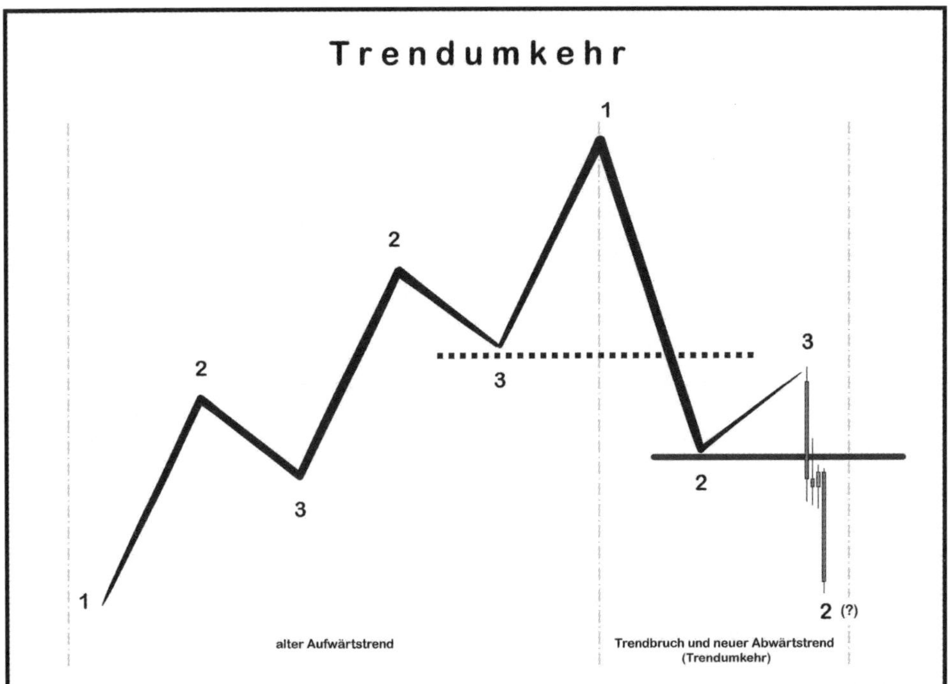

Abbildung 28: Trendumkehr

Stärke und Wertigkeit, aber noch ist das letzte Wort im Hinblick auf die weitere Kursentwicklung nicht gesprochen. Hier ist auch besonders zu beachten, welchen Charakter das neue Signal aufzeigt und wie deutlich es ausgeprägt ist.

Festzustellen, dass ein Trend intakt ist, ist die eine Sache, darauf professionell zu reagieren, ist eine andere. Bei dem Thema Trendbruch und Gegensignal zeigt sich das erste Mal sehr deutlich, dass es nicht immer einfach ist, das Richtige zu tun. Erst wenn alle Merkmale zu einem Ganzen zusammengezählt werden und ein großes Maß an Übung und Erfahrung vorhanden ist, fällt es immer leichter, saubere Rückschlüsse zu ziehen.

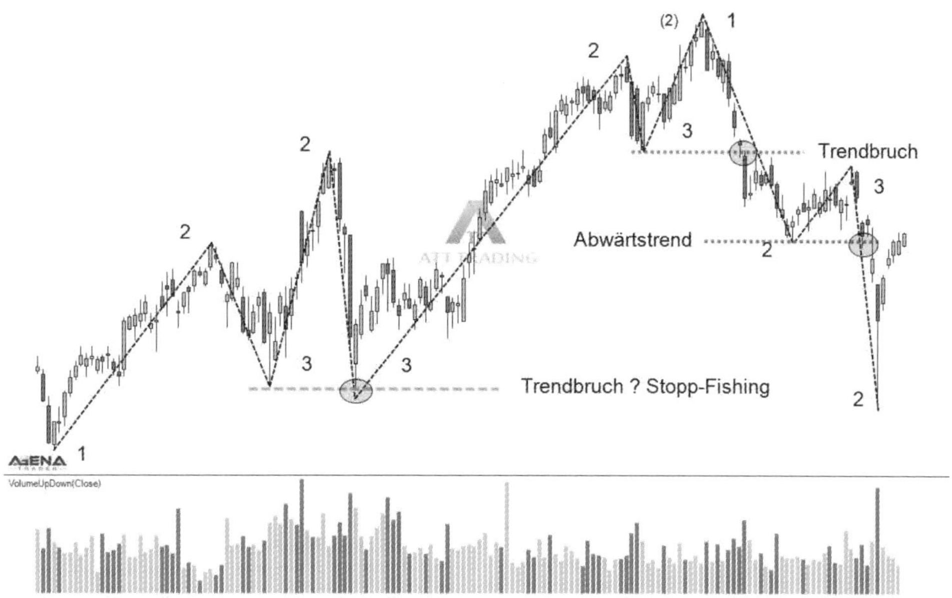

Abbildung 29: Trendbruch und Trendumkehr

Handel aus der Korrektur

Eine sehr wichtige Frage, die sich jeder Händler vor jedem Trade stellen sollte, lautet: Wer kauft beziehungsweise verkauft nach mir?

Diese Frage ist sehr wichtig, denn wenn ein Trader beispielsweise eine Aktie kauft, wird er nur dann einen Gewinn erzielen, wenn nach ihm noch andere

Marktteilnehmer kaufen und unsere Position in den Gewinn drücken. Wenn nach ihm keiner mehr kaufen will beziehungsweise wenn es mehr Verkäufer als Käufer gibt, dann wird er einen Verlust erleiden. Wir müssen uns beim Börsenhandel stets in die Lage der anderen Marktteilnehmer hineinversetzen.

Stellen Sie sich eine Aktie vor, die gerade ein neues Allzeithoch erreicht hat. Sie spielen mit dem Gedanken, diese Aktie nun long zu handeln, sie also zu kaufen. Nun stellen Sie sich aber die entscheidende Frage: Wer kauft nach mir? Bei einer Aktie, die sich am Allzeithoch befindet, haben schon sehr viele Marktteilnehmer gekauft und sind bereits engagiert. Die Wahrscheinlichkeit, dass einige Käufer langsam mit dem Gedanken spielen, Gewinne mitzunehmen, wird immer größer. Also wird es hier wahrscheinlich nicht mehr viele Händler geben, die nach Ihnen kaufen werden, wenn Sie jetzt erst zum Allzeithoch einsteigen. Wahrscheinlich werden nach und nach einige Händler ihre Gewinne mitnehmen, was wiederum bedeutet, dass die Aktie wohl über kurz oder lang korrigieren wird. Dies würde dazu führen, dass Ihre Position ins Minus rutschen würde.

Natürlich kann auch eine Aktie am Allzeithoch noch sehr viel Fahrt aufnehmen und weiter steigen, aber das alles entscheidende Wort in diesem Abschnitt ist das Wort »wahrscheinlich«. Kein Marktteilnehmer kann die Kurse vorhersehen, und deswegen arbeitet jeder Händler immer nur mit einer Einschätzung der Wahrscheinlichkeit. Wenn eine Aktie stark in der Bewegung ist und vielleicht sogar ein neues Allzeithoch erreicht hat, dann wird die Wahrscheinlichkeit immer größer, dass irgendwann eine Korrektur kommt, da mehr und mehr Marktteilnehmer ihre Gewinne realisieren werden. Steigen Sie also niemals wahllos irgendwo in einen Trend ein, sondern warten Sie immer die Korrekturphase ab.

Jetzt suchen Sie sich eine Aktie aus, die einen sauberen Aufwärtstrend hat und sich zudem auch noch in einer Korrekturphase befindet. Und nun stellen Sie sich die gleiche Frage wie vorhin: Wer kauft nach mir? In diesem Fall wird es wahrscheinlich deutlich mehr Marktteilnehmer geben, die nach Ihnen kaufen, da nun viele Marktteilnehmer, die ihre Gewinne im oberen Bereich der Bewegungsphase mitgenommen haben, nun eine gute Chance haben, wieder günstig in die Aktie einzusteigen. Gleichzeitig werden aufgrund des sauberen Trends andere Marktteilnehmer ebenfalls aufmerksam und sind bereit, nach Ihnen zu kaufen.

Ein Trader will immer einem Trend folgen, aber nicht jeder Trend ist für ihn interessant. Ein professioneller Händler sucht sich immer einen Trend, der sich in einer Korrekturphase befindet, denn er weiß, wie wichtig es ist, sich in die Lage der anderen Marktteilnehmer hineinzuversetzen. Dies ist keine Garantie dafür, dass der Trade zu 100 Prozent aufgehen wird, aber die Wahrscheinlichkeit ist hier deutlich höher, als bei einem Vorgehen, bei dem man irgendwo ohne Plan in einen Trend hineinspringt. Wie sich ein Handel aus der Korrektur heraus vollzieht, zeigt Abbildung 30.

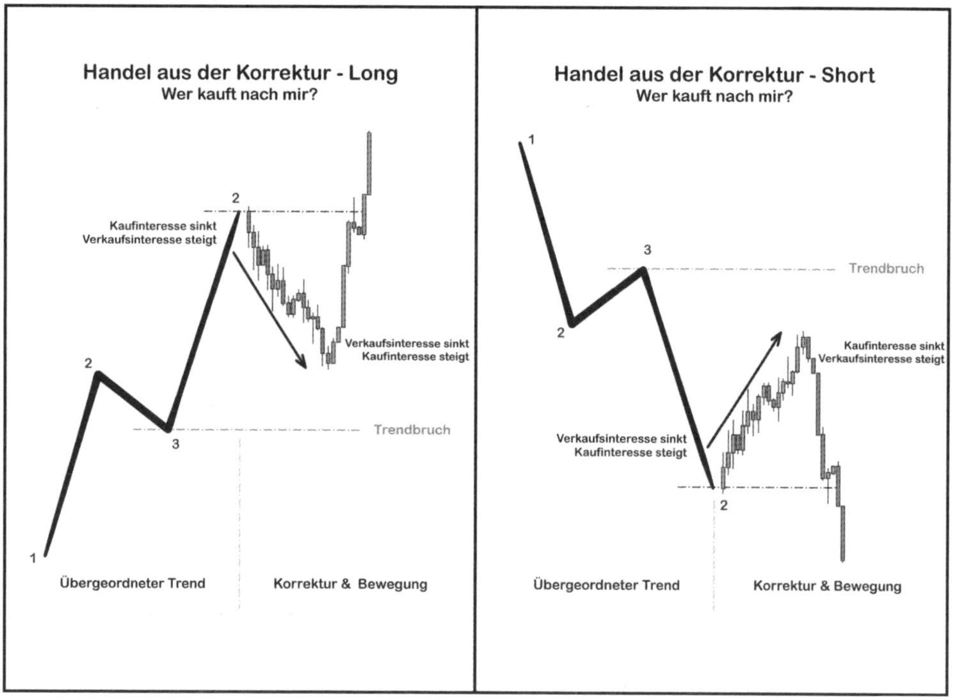

Abbildung 30: Handel aus der Korrektur

4 Trendgrößen

Nun wissen Sie also, dass Sie als Trader immer einen Trend zum Handeln brauchen. Aber welcher Trend ist der beste? Egal, ob Sie sich eine Aktie, ein Währungspaar oder einen Index aussuchen, Sie werden immer mehrere Trends im Chart erkennen. Vor allem dann, wenn man den Wert auf mehreren Zeitebenen betrachtet. Und welche Zeiteinheit ist denn nun die beste zum Handeln – Tages, Vier-Stunden oder doch gleich der Ein-Minuten-Chart? Diese sehr wichtige Frage wurde bereits in dem Abschnitt beantwortet, in dem es um Zeiteinheiten ging. Einem angehenden Trader muss erst einmal bewusst werden, dass es im professionellen Handel in erster Linie um Trendgrößen geht und dass Zeiteinheiten lediglich dazu dienen, die unterschiedlichen Trendgrößen darzustellen. Dies bedeutet, dass auf einer Zeiteinheit mehrere Trendgrößen zu sehen sein können.

Auf die Frage, wie viele Trendgrößen es gibt, findet man in der Börsenliteratur ganz unterschiedliche Angaben. Dabei ist die Antwort relativ einfach: Jeder Wert hat unterschiedlich viele Trendgrößen, und um die genaue Anzahl zu bestimmen, muss man lediglich die einzelnen Trendgrößen durchzählen. Liquide Werte besitzen in der Regel 4 bis 5 Trendgrößen. Um die Frage zu klären, welche Trendgröße die beste ist beziehungsweise auf welche Trendgrößen sich ein Händler konzentrieren sollte, müssen wir uns wieder in die Lage der anderen Marktteilnehmer hineinversetzen.

Zu Beginn des Buches haben wir die unterschiedlichen Marktteilnehmer beschrieben und dabei festgestellt, dass neben den Zentralbanken die fundamentalen bzw. strategischen Investoren die wichtigsten Marktteilnehmer sind. Diese Gruppe besitzt nämlich das große Kapital, das letzten Endes die Märkte bewegt. Nun versetzten Sie sich einmal in die Lage eines Aktienfondsmanagers, der mehrere Milliarden Dollar verwaltet und dieses Geld am Aktienmarkt unterbringen will. Glauben Sie, dass dieser Fondsmanager sich irgendwelche Minuten-Charts anschaut? Wird er sich nicht vielleicht eher den Tageschart anschauen? Natürlich wird er letzteres tun, denn die kleineren Trendgrößen interessieren ihn als großen Marktteilnehmer nicht. Solche Marktteilnehmer wollen ihr Geld längerfristig investieren und brauchen dafür keinerlei Informationen aus dem Zehn-Minuten-Chart. Der Tageschart ist also die wichtigste Zeiteinheit für uns Trader, weil wir hier sehen, wohin sich das große Kapital gerade bewegt.

Allerdings werden wir auch auf dem Tageschart sehr häufig mehrere Trendgrößen erkennen. Wir wählen die etwas kleinere aktuelle Trendgröße als entscheidenden Maßstab, da wir als Trader einen kurz- bis mittelfristigen Trading-Ansatz verfolgen und nicht längerfristig investieren wollen. Die große Trendgröße auf dem Tageschart findet sich auch auf dem Wochenchart und es würde hier sehr lange dauern, bis sich ein Trend gebildet hat und bis wir folglich ein Signal zum Handeln bekommen. Also würde es insgesamt zu lange dauern, bis wir unser Geld verdient haben. Die verschiedenen Trendgrößen in Abhängigkeit von der Zeiteinheit verdeutlicht Abbildung 31.

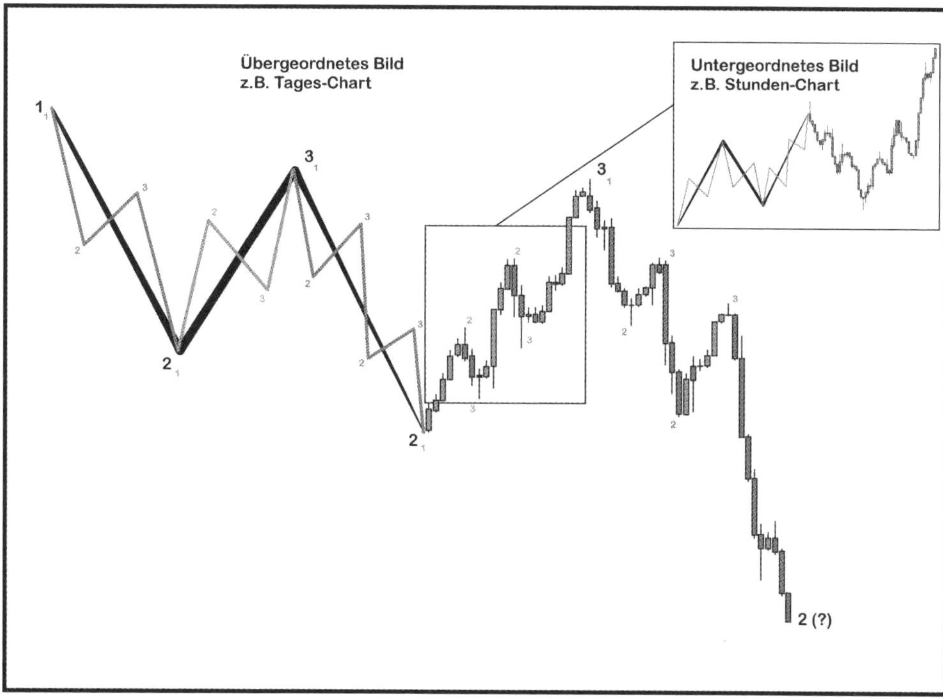

Abbildung 31: Trendgrößen

Um die für uns relevanten Trendgrößen zu erkennen, ist neben dem Tageschart auch der Stundenchart eine wichtige Zeiteinheit. Allerdings sind hier die Trends schon etwas weniger stabil als auf Tagesbasis, da sich auf dem Stundenchart weniger große Marktteilnehmer bewegen als auf dem Tageschart. Und dies ist eine ganz wichtige Erkenntnis für Sie: Je geringer die Trendgrößen sind, desto instabiler werden sie, da hier nur die weniger großen Marktteilnehmer unterwegs sind. Auch große Spekulanten konzentrieren sich auf die entscheidenden Trendgrößen auf Tages- und Stundenbasis.

Dementsprechend ist der Zehn-Minuten-Chart noch gefährlicher, denn hier können die Trends sehr schnell brechen. Dies bedeutet nicht, dass ein Trader nicht auch auf dem Stunden- und dem Zehn-Minuten-Chart unterwegs sein kann. Aber es ist sehr wichtig zu verstehen, dass der Tageschart für einen Trader die höchste Bedeutung hat, da hier die Trends sehr stabil sind. Das große Kapital bewegt sich in erster Linie auf dem Tageschart und als Trader wollen Sie diesem großen Kapital hinterherschwimmen.

Wie sich die Trendgrößen auf dem Tages- und Stundenchart bei einem Auf- und Abwärtstrend darstellen, zeigen die Abbildungen 32 und 33.

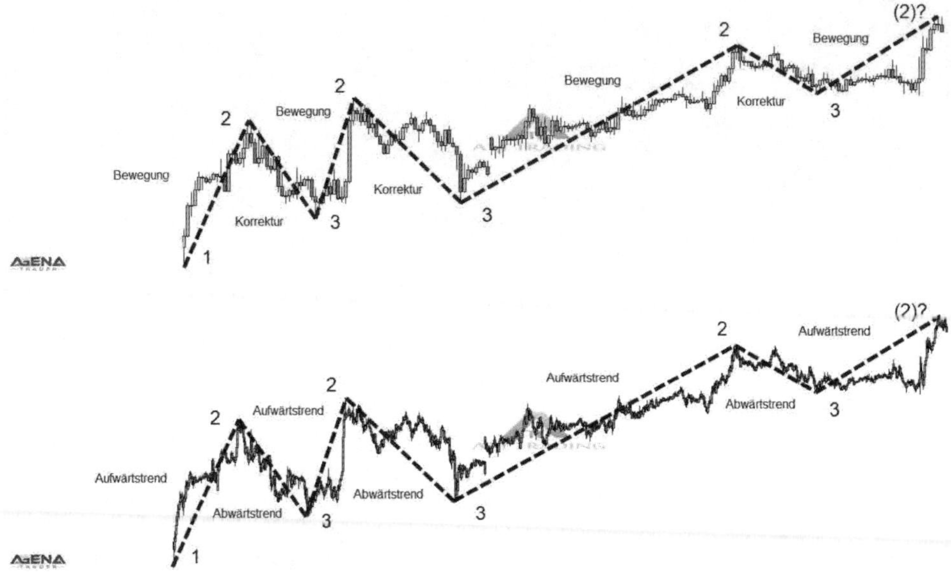

Abbildung 32: Trendgrößen – Tages- und Stundenchart long

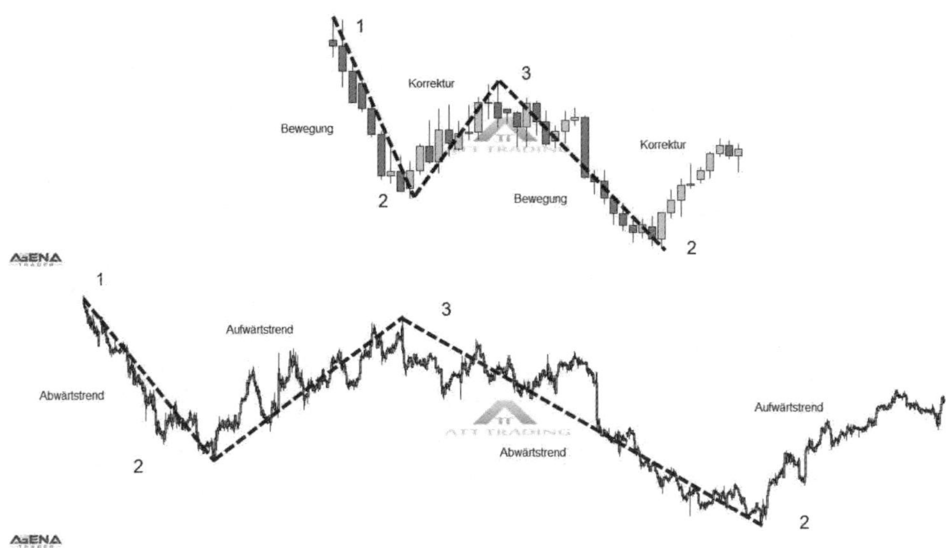

Abbildung 33: Trendgrößen – Tages- und Stundenchart short

5 Die Ziele eines Trendhändlers

Professionelle Händler suchen sich also jeden Tag die schönsten Trends aus, wobei es den perfekten Trend zugegebenermaßen nicht gibt. Trotzdem sollte ein Trendfolger bestimmte Kriterien haben, die auf jeden Fall erfüllt sein müssen, bevor er aktiv in einen Trend einsteigt. Ein entscheidendes Kriterium besteht natürlich darin, dass sich der Trend in einer Korrekturphase befindet. Der Trend sollte mindestens 50 Prozent der vorangegangenen Bewegung korrigiert haben, bevor ein Händler aktiv werden sollte. Die 50-Prozent-Marke ist deswegen so entscheidend, weil sie von vielen Marktteilnehmern mit dem bloßen Auge sichtbar ist. Zugleich hat der mögliche Trade nun auch wieder Luft bis zum vorangegangenen Hochpunkt (bei einem Aufwärtstrend) beziehungsweise Tiefpunkt (bei einem Abwärtstrend). Ein Händler sollte immer nach Zielen Ausschau halten, genauer gesagt nach Kurszielen. Diese Ziele sind markante Hoch- oder Tiefpunkte, an denen in der Regel viele Marktteilnehmer aufeinandertreffen. Die Abbildungen 34 und 35 verdeutlichen dies jeweils bei einem Abwärts- und einem Aufwärtstrend.

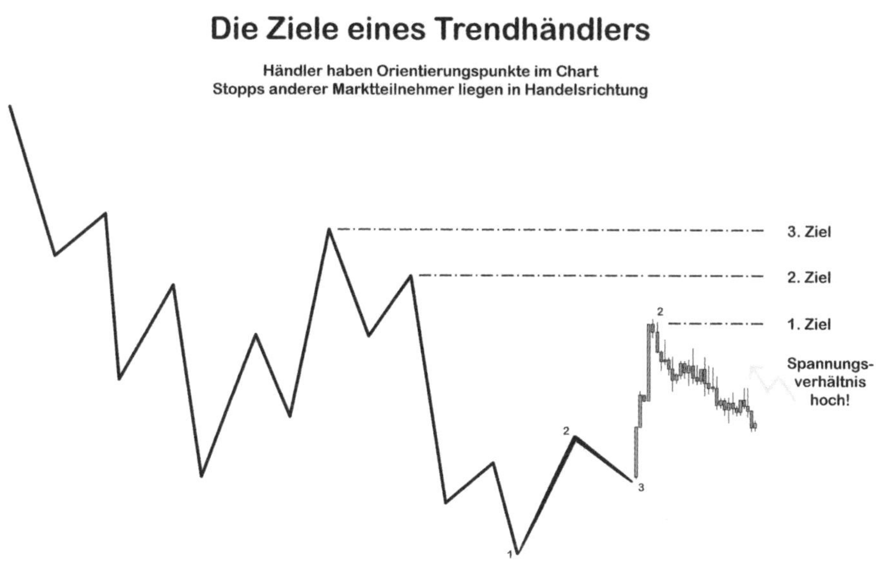

Abbildung 34: Ziele eines Trendhändlers

Abbildung 35: Ziele eines Trendhändlers

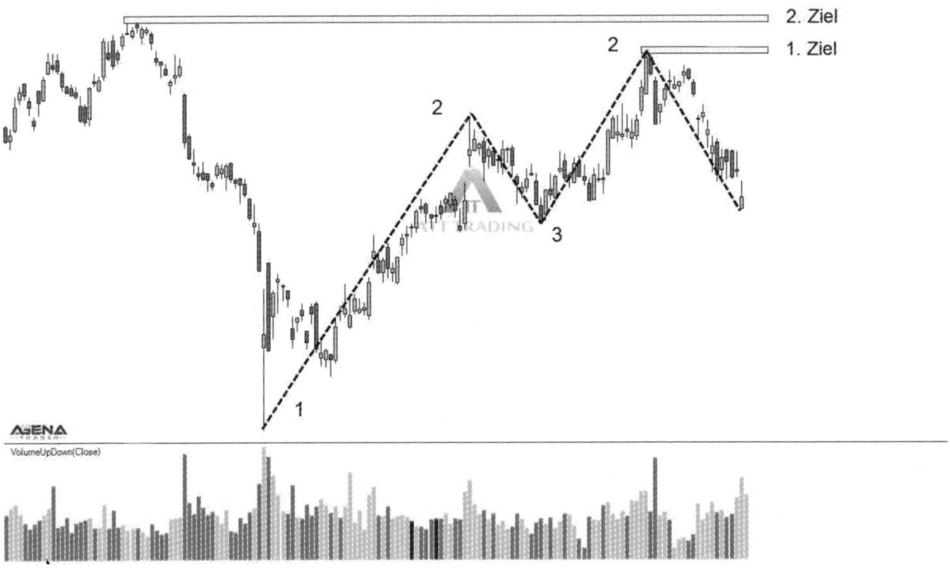

Abbildung 36: Ziele in Long-Richtung

Abbildung 37: Ziele in Short-Richtung

An solchen markanten Punkten finden immer Entscheidungen statt. Einige Marktteilnehmer nehmen hier ihre Gewinne mit, andere Händler drehen ihre Position, da sie bisher in der falschen Richtung unterwegs waren. Wiederum andere Trader, die bisher von der Seitlinie zugeschaut haben und noch nicht investiert waren, steigen hier in den Markt ein. An genau solchen markanten Punkten ist es sehr zu empfehlen, Teilverkäufe zu planen, damit man nicht von diesen Entscheidungen anderer abhängig ist. Wie dies im Detail funktioniert, werden wir ausführlich im Kapitel »Trademanagement« ausführen.

6 Gesamtmarkt versus Einzelwert

Aktien sollte ein Trader normalerweise etwas längerfristig handeln – er sucht sich also einen Trend auf Tagesbasis. Bei Aktien handelt ein Trader nämlich immer zwei Risiken: das Risiko des Einzelwertes und das allgemeine Marktrisiko. Das Risiko des Einzelwertes bedeutet, dass eine Aktie sich jederzeit in eine Richtung bewegen kann, weil Nachrichten über das betreffende Unternehmen veröffentlicht werden könnten. Es gibt nicht nur Quartals- und Jahresberichte – ein Unternehmen publiziert fast jede Woche eine oder mehrere Neuigkeiten, die jederzeit zu einer Bewegung des Aktienkurses führen können. Zugleich veröffentlichen die Bankanalysten jede Woche ihre Einschätzungen zu allen großen Konzernen und setzen Kursziele entsprechend ihren Schlussfolgerungen herauf oder herunter. Auch dies kann immer zu Kursbewegungen führen.

Das Marktrisiko ist das allgemeine Risiko des Gesamtmarktes. Denn wenn ein Index wie der Dax oder der S&P 500 sich stark in eine Richtung bewegt, dann wird eine große Anzahl der Aktien dieser Richtung folgen. Als im Januar 2016 der S&P 500 eine rasante Abwärtsbewegung vollzog und sehr schnell mehr als 10 Prozent verlor, gab es kaum eine Aktie, die im selben Zeitraum gestiegen wäre. Wenn der Gesamtmarkt stark steigt oder fällt, werden in der Regel 90 bis 95 Prozent der Aktien diesem Trend folgen. Natürlich gibt es immer Aktien, die sich deutlich stärker bewegen als der übergeordnete Index, und wieder andere, die nur einen kleinen Teil dieser Bewegung mitmachen. Aber dem allgemeinen Marktrisiko ist jede Aktie ausgesetzt, und dies muss einem Trader bewusst sein.

Das geschilderte Marktrisiko ist ein weiterer wichtiger Grund, warum es wenig sinnvoll ist, Aktien auf kleinen Trendgrößen wie dem Zehn-Minuten-Chart zu handeln. Denn hier handelt der Trader kurzfristig und muss sich zwei Risiken gleichzeitig stellen. Sollte nämlich der Gesamtmarkt eine kurzfristige starke Intraday-Bewegung vollziehen, dann wird der Trader wahrscheinlich kurzfristig in der Aktie ausgestoppt. Gleichzeitig kann natürlich auch in der Aktie eine kurzfristige starke Bewegung entstehen. Das stellt einen erheblichen Stressfaktor für den Händler dar. Deswegen ist es sehr zu empfehlen, lediglich einen Index oder auch ein Währungspaar auf kurzfristiger Basis zu handeln. Denn wenn ein Händler einen Index kurzfristig handelt, dann unterliegt der Trade lediglich dem allgemeinen Marktrisiko.

PRAXISTEIL

»Actio et Reactio«

VIII

KAPITEL 8: GEGEBENHEITEN UND ZIELE

Jeder Trading-Anfänger sollte sich von Anfang an konkrete Ziele setzen, um das Trading mit einer gewissen Ernsthaftigkeit anzugehen.

Ziele sind für uns Menschen sehr wichtig, weil sie uns genau zeigen, wo wir hinwollen. Allerdings ist es sehr wichtig, dass die Ziele auch realistisch sind. Es darf also nicht nur ein großes, fernes Ziel geben, sondern es ist wichtig, dass sich der Trading-Anfänger immer wieder kleinere Ziele setzt. Diese kleineren Ziele helfen uns, das große Ziel zu erreichen. Bei vielen Tradern wird das große Ziel sicherlich sein, dauerhaft profitabel an der Börse zu handeln. Hierbei sollte jeder von Anfang an realistisch denken und sich im Klaren darüber sein, dass sich dieses Ziel nicht in wenigen Monaten erreichen lässt. Die meisten erfolgreichen Trader haben mehrere Jahre gebraucht, um an der Börse ihr Geld zu verdienen. Wer von Anfang an einen sehr guten Mentor an seiner Seite hat, kann sein Ziel auch schneller erreichen.

Wichtig ist, dass sich jeder Neuling an der Börse selbst die Zeit geben muss, die Theorie des Börsenhandels zu erlernen und gleichzeitig praktische Erfahrungen zu sammeln. Denn an der Börse reicht theoretisches Wissen keinesfalls aus. Es gibt immer Phasen, in denen sich die Märkte völlig anders verhalten, als es die Theorie voraussagt. Während eines Bullenmarktes, also in einer Zeit, in der sich die Kurse dauerhaft nach oben bewegen, ist es etwas leichter, den Handel zu erlernen, da sich die Märkte in dieser Zeit langsamer bewegen. Während eines Bärenmarktes, also eines Marktes, in dem sich die Kurse nach unten bewegen, ist dies sehr viel schwieriger, da sich die Kurse hier oft sehr schnell bewegen. Ein Bärenmarkt endet sehr häufig mit einem Crash, in dem die Bewegungen so extrem sind, dass man als Neuling kaum eine Chance hat und meist sehr viel Lehrgeld bezahlen muss. Zudem gibt es Phasen, in denen sich die Märkte seitwärts bewegen und in denen es besser ist, nicht aktiv zu sein, da man in diesen Börsenphasen häufig ebenfalls Geld verliert.

Zu Beginn des Jahres 2016 waren die Aktienmärkte sehr stark abhängig von den Entwicklungen in China einerseits und dem Ölpreis andererseits. Wenn sich der Ölpreis in eine bestimmte Richtung bewegte, folgten die Aktienmärkte sofort. Das war ebenfalls keine leichte Marktphase. Die Erfahrungen, die ein Trader in solchen Marktphasen sammelt, können Gold wert sein, auch wenn er vielleicht sogar Geld verloren hat. Denn an der Börse wiederholen sich bestimmte Marktphasen immer wieder, und wenn ein Händler eine solche Phase einmal miterlebt hat, dann weiß er beim nächsten Mal, was er zu tun hat. Das Ziel eines Trading-Anfängers sollte also neben der Aneignung des nötigen Fachwissens darin bestehen, möglichst viel Erfahrung zu sammeln. Jeder Händler sollte sich bestimmte kleinere Ziele setzen, um seine Fehler zu beseitigen. Wenn also ein Trader das Problem hat, viel zu viel zu traden, dann sollte er sich zum Ziel setzen, nur eine geringe Anzahl von Trades pro Tag durchzuführen. Ein wichtiges Ziel eines jeden Händlers sollte sein, seine Trefferquote zu steigern, und dies kann er nur schaffen, wenn er bei seinen Trades eine bessere Auswahl trifft und die Trade-Frequenz in schwierigen Phasen reduziert. Nur wer sich viele kleine Ziele setzt, hat auch eine Chance, sein großes Ziel zu erreichen.

1 Kontogröße

Um seine weiteren Ziele klar zu definieren, gilt es im Vorfeld einige Rahmenbedingungen zu klären. Eine wichtige Komponente beim Trading ist die persönliche Kontogröße eines Händlers. Je nachdem, wie hoch das Trading-Kapital ist, kann sich der Händler konkrete und realistische Ziele setzen. Wenn ein Trader zum Beispiel ein Konto von nur 5.000 Euro besitzt, dann darf sich dieser Trader nicht das Ziel setzen, sofort vom Trading leben zu wollen. Das große Ziel, vom Trading zu leben, kann sich natürlich jeder Trader setzen, aber es wird nicht sofort realisierbar sein. Wenn ein Händler ein kleines Konto besitzt, dann sollte er erst einmal bemüht sein, mit diesem kleinen Konto Gewinne zu erwirtschaften. Gleichzeitig könnte er sich zum Vorsatz machen, privat nach und nach Geld zu sparen, um die Kontogröße auf das nötige Maß aufzustocken.

Um überhaupt mit dem Trading anzufangen, sind 3.000 bis 5.000 Euro Handelskapital die untere Grenze. Bei vielen Brokern beträgt auch die Mindesteinzahlung

3.000 Euro. Es gibt zwar auch Broker, die bereits Kunden mit 100 Euro Kapital annehmen, aber mit solch kleinen Summen ergibt es einfach keinen Sinn, an den Märkten zu agieren. Viele Anfänger stellen sich die Frage, wie viel Kapital ein Händler benötigt, um vom Traden leben zu können. Es wäre nicht ganz richtig, hier eine konkrete Zahl zu nennen, denn es kommt eben ganz darauf an, wie viel Geld der Händler erwirtschaften kann. Wenn ein Händler beispielsweise 100.000 Euro Kapital zum Handeln besitzt und er erwirtschaftet eine Rendite von 10 Prozent, dann kann dieser Händler von seinem Ergebnis nicht leben. Wenn er allerdings 50 Prozent in einem Jahr erzielt, dann sieht die Situation schon anders aus. Es liegt also ganz an dem Händler. Allerdings lässt sich durchaus sagen, dass das Kapital 50.000 Euro oder mehr betragen sollte. Denn je kleiner die Kontogröße eines Händlers ist, desto mehr Rendite muss er jeden Monat erwirtschaften, um wirklich vom Trading leben zu können. Es ist auch völlig legitim, wenn ein Händler sich das Ziel setzt, nicht allein vom Trading zu leben, sondern das Trading als zweite Einnahmequelle neben einer anderen Beschäftigung zu nutzen, der er im Alltag nachgeht.

2 Zeitliche Nähe

Eine weitere wichtige Rahmenbedingung des Tradings ist der zeitliche Aspekt. Jeder Händler muss genau wissen, wie viel Zeit er für das Trading erübrigen kann, und dementsprechend kann er sich dann realistische Ziele setzen. Wenn jemand nur maximal eine Stunde Zeit am Tag investieren kann, dann wird er mit Sicherheit länger brauchen, um das Trading zu erlernen, als jemand, der drei Stunden am Tag Zeit hat.

Egal, wie viel Zeit ein Händler hat – es ist wichtig, diese Zeit möglichst ideal auszunutzen. Der Leser wird im Laufe des Buches noch verstehen, dass professioneller Handel nicht bedeutet, jeden Tag zwölf Stunden vor den Charts zu sitzen. Auch wenn ein Trader nur zwei Stunden Zeit am Tag erübrigen kann, ist das völlig ausreichend, um an den Märkten profitabel zu agieren. Auf diese zeitliche Komponente werden wir noch ausführlicher zu sprechen kommen. Denn der zeitliche Aspekt ist dafür entscheidend, welche Trendgröße sich ein Händler zum Handeln aussucht. Je weniger Zeit ein Trader für den Handel besitzt, desto umfangreichere Trendgrößen muss er sich aussuchen. Dieses Thema werden wir in dem Kapitel Trade-Verwaltung noch einmal aufgreifen.

3 Eigenhandel versus institutioneller Handel

Spätestens wenn ein Händler zum ersten Mal Fremdkapital verwaltet, wird er sehr schnell feststellen, dass es einen großen Unterschied gibt zwischen dem Handel mit eigenem Geld (Eigenhandel) und dem Handel mit Kundengeldern (institutioneller Handel). Der Unterschied liegt in erster Linie in einer mentalen Komponente.

Bereits wenn ein Börsenneuling zum ersten Mal mit seinem eigenen Geld handelt, wird er feststellen, dass die mentale Komponente im Börsenhandel nicht zu unterschätzen ist. Deswegen gehen wir im letzten Kapitel dieses Buches auch sehr ausführlich auf die psychologischen Aspekte des Tradings ein.

Das Handeln mit Fremdkapital ist umso schwieriger, als der Händler jeden noch so kleinen Verlust gegenüber seinen Kunden rechtfertigen muss. Es kann sein, dass ein Kunde schon nach wenigen Prozent Minus sein Geld wieder abzieht. Der Druck auf den Händler ist also ein ganz anderer als im Eigenhandel.

Beim privaten Handel muss ein Trader seine Trades am Ende des Tages nur vor sich selbst rechtfertigen. Das ist natürlich auch nicht immer leicht, aber im Eigenhandel bedeutet ein kleiner Verlust nicht automatisch das Ende. Dementsprechend sollte ein Händler im institutionellen Handel etwas konservativer vorgehen als im Eigenhandel. Hier ist es sehr wichtig, möglichst schnell ein kleines Plus zu erwirtschaften, was nicht nur den Kunden freut, sondern auch den mentalen Druck reduziert, der auf dem Händler lastet. Beim Handeln mit Kundengeldern geht es nicht darum, die allerhöchste Rendite zu erzielen, sondern jeden Monat konstante Gewinne zu erwirtschaften.

Wenn der Händler am Ende des Jahres mit wenig Risiko und ohne Drawdown eine zweistellige Rendite erwirtschaftet hat, werden die Kunden ihr Geld so schnell nicht abziehen, sondern wahrscheinlich aufstocken.

IX

KAPITEL 9: TRADING-PLAN

Ohne einen richtigen Plan droht man zu scheitern. Dieser bekannte Satz gilt in jedem Business und natürlich auch im Börsenhandel. Wer sein Geld beständig an der Börse verdienen will, sollte einen persönlichen Trading-Plan ausarbeiten. Ein vernünftiger Trading-Plan sollte die folgenden Punkte beinhalten:

- Ziele (sowohl die kleinen als auch die großen Ziele)
- Stärken und Schwächen eines Händlers
- Handelsansatz, Setups
- Anlageuniversum
- Tagesablauf (Zeitmanagement)
- Money-Management
- Kosten (Broker, Daten-Feed, Software, Internet)
- Buchhaltung (Ein- und Auszahlungen auf dem Tradingkonto)

Über das Thema Ziele haben wir schon gesprochen. Hier darf nicht nur das Ziel stehen, Geld zu verdienen, sondern es sollten noch andere Ziele notiert werden. Das Thema Stärken und Schwächen ist ein sehr wichtiger Punkt in einem Trading-Plan. Hier muss der Trader versuchen, ehrlich mit sich zu sein, und sich seiner Stärken und Schwächen bewusst werden. Nur wer sich seiner Schwächen wirklich bewusst wird, kann auch an ihnen arbeiten.

Der Handelsansatz und die Setups sollten ganz genau definiert sein. Egal ob sich ein Händler nun an dem Handelsansatz orientiert, der in diesem Buch beschrieben ist, oder an einem anderen – er muss seine Setups im Vorfeld klar definieren. Ansonsten ist dem Aktionismus Tür und Tor geöffnet und der Händler wird ein Problem bekommen, an der Börse wirklich beständig sein Geld zu verdienen.

Jeder Trader sollte in seinem Trading-Plan außerdem auch noch sein persönliches Anlageuniversum genau definieren. Gleichgültig, für welche Anlage sich ein Händler entscheidet – es ist sehr wichtig, dass der Händler die Anlage, die er handelt, genau kennt. Wenn jemand nicht weiß, was ein Future ist, dann sollte er eine solche Anlage unter gar keinen Umständen handeln. Das kann nämlich sehr schnell zum finanziellen Ruin führen. Ende 2015 bat ein amerikanischer Trader im Internet um Hilfe, weil er mit einer Position seinen Kontostand via Börsengeschäften von rund 37.000 Dollar auf -106.000 Dollar heruntergewirtschaftet hatte. Sein Geld war komplett weg und er schuldete seinem Broker noch 106.000 Dollar. Welchen Wert hatte er gehandelt? Er war short in einem Penny Stock. Penny Stocks sind Aktiengesellschaften mit einem sehr geringen Börsenwert und einem sehr niedrigen Aktienkurs. Dazu muss man wissen: Diese Unternehmen werden kaum gehandelt und besitzen deswegen ein sehr geringes Volumen. Die Gefahr bei solchen Unternehmen ist, dass aufgrund einer einzigen Nachricht der Preis extrem schwanken und sich die Aktie über Nacht um mehrere 100 Prozent nach oben bewegen kann. Und genau das war hier passiert. Bei diesem Penny Stock kamen über Nacht einige sehr wichtige Nachrichten, so dass der Kurs am nächsten Tag über 650 Prozent höher eröffnete. Der Trader wurde erst zum Eröffnungskurs aus seiner Position ausgestoppt. Wenn er sich mit seinen Anlagen beschäftigt hätte, würde er wissen, dass man mit Penny Stocks ein enorm hohes Risiko eingeht. Je weniger Volumen eine Anlage hat, desto mehr Risiko geht der Trader bei seinem Trade ein. Bei wenig Volumen können die Kursschwankungen umso größer ausfallen, weil wenige Marktteilnehmer mit vergleichsweise wenig Geld einen großen Einfluss ausüben können. Deswegen empfehlen die Autoren dieses Buches, ausschließlich Märkte mit einem hohen Volumen zu handeln. Bei Aktien wären das beispielsweise die großen Konzerne aus S&P 500, aus Dow Jones und Nasdaq 100. Der Händler sollte darauf achten, dass die Aktie, die er handelt, ein Volumen von mindestens 1.000.000 Stück am Tag hat.

Bei den deutschen Konzernen braucht sich ein Trader bei Aktien aus dem Dax keine Gedanken bezüglich des Volumens zu machen. Beim MDax wird das Volumen schon etwas geringer und ein Händler sollte hier etwas vorsichtiger agieren.

Auch bei Devisen sollte sich der Händler an die liquiden Währungspaare halten: US-Dollar, Euro, Japanischer Yen, Britisches Pfund, Schweizer Franken, Australischer Dollar und Kanadischer Dollar sind die sieben meistgehandelten Währungen der Welt, und die entsprechenden Währungspaare sind immer liquide. Eigentlich zählt auch noch der chinesische Yuan dazu, allerdings sollte sich ein Händler vom Yuan komplett fernhalten, da diese Währung von der chinesischen Regierung beziehungsweise von der chinesischen Notenbank massiv manipuliert wird.

Bei den Indizes sollte sich ein Händler auf die wichtigsten Indizes aus Europa und den USA konzentrieren, die da wären: Dax, EuroStoxx, SMI, FTSE, S&P 500, Dow Jones und Nasdaq 100.

Ein weiterer wichtiger Punkt im Trading-Plan ist der persönliche Tagesablauf eines Händlers. Es ist sehr wichtig, dass ein Händler seinen Tagesablauf genau plant, egal ob er das Trading haupt- oder nebenberuflich ausüben möchte. Auch wenn ein Händler sehr viel Zeit hat, ist es wichtig, diese Zeit optimal zu nutzen und sie nicht etwa sinnlos vor dem Bildschirm zu vergeuden. Es schleichen sich auch häufig Fehler ein, wenn man zu lange vor den Charts sitzt – irgendwann lässt einfach die Konzentration nach. Deswegen ist ein genauer Zeitplan sehr wichtig.

Ein entscheidender Punkt in einem Tradingplan ist zudem das Money-Management eines Händlers. Der Punkt ist immens wichtig, weshalb diesem Thema in diesem Buch ein eigenes Kapitel gewidmet ist.

Jeder Händler muss sich auch ganz genau mit seinem Broker und mit seiner technischen Ausrüstung beschäftigen. Ein guter Daten-Feed ist sehr wichtig, da ein Händler immer aktuelle Kurse benötigt. Gleichzeitig sollte sich jeder Trader auch mit seiner Handelssoftware auskennen und wissen, wie er sie bedient. Das Thema Broker wurde am Anfang dieses Buches schon einmal besprochen. Wichtig ist, dass im Trading-Plan alle Kosten erfasst werden, denn hier gibt es gravierende Unterschiede zwischen den einzelnen Brokern und auch den einzelnen Daten-Feed-Anbietern. Ein Händler kann auch den finanziellen Teil in seinem Trading-Plan weiter ausbauen, zum Beispiel, indem er festlegt, wann er Geld von seinem Tradingkonto abzieht oder, wenn er noch ein relativ kleines Konto besitzt, wann er sein Konto aufstockt. Den kompletten finanziellen Teil eines Trading-Plans kann ein Händler sich in einem Cash-Flow-Statement anzeigen lassen, in dem alle Einnahmen und Ausgaben genau aufgeführt werden. Wer Trader ist, ist gleichzeitig auch Unternehmer, und genau so professionell sollte die entsprechende Person dann auch arbeiten. Ein guter Trading-Plan kann darüber entscheiden, ob ein Händler an der Börse erfolgreich ist oder nicht. Deswegen sollte sich ein Trader sehr genau mit seinem Trading-Plan beschäftigen.

1 Handelsjournal

Ein weiteres wichtiges Werkzeug eines professionellen Traders ist das Handelsjournal. Hier sollte ein Händler jeden durchgeführten Trade sorgfältig dokumentieren. Für Anfänger ist dies häufig eine eher lästige Aufgabe, die dann gern vernachlässigt wird. Aber ein gut geführtes Handelsjournal kann einem Händler helfen, sein Trading immer weiter zu verbessern, um mit der Zeit seinen persönlichen Handelsstil zu finden. Es gibt unterschiedliche Möglichkeiten, wie umfangreich ein Journal sein kann.

Ein Trader sollte immer verschiedene Kennzahlen beobachten wie zum Beispiel seine Trefferquote. Wenn ein Händler sieht, dass seine Trefferquote sinkt, dann sollte er seine Tradefrequenz etwas herunterfahren und die vergangenen Trades genauestens analysieren. Möglicherweise haben sich einige Fehler eingeschlichen, die man während eines Handelstages nicht immer sofort erkennt.

Auch das Verhältnis zwischen den durchschnittlichen Gewinnern und Verlierern ist eine wichtige Statistik, denn durch eine saubere Trade-Verwaltung sollten langfristig die Gewinner deutlich größer sein, als die Verlierer. Ein Händler kann auch dokumentieren, wie die einzelnen Anlageklassen (Aktien, Forex, Indizes, Rohstoffe) bei ihm funktionieren und dies in seinem Journal sichtbar trennen.

Beim Umfang des Handelsjournals ist es wichtig, dass dies nicht komplett ausufert und der Trader plötzlich 50 verschiedene Kennzahlen sich berechnen lässt. Dies wäre dann definitiv kontraproduktiv. Die Nachbereitung des Handelstages beziehungsweise der Handelswoche ist im professionellen Trading sehr wichtig, denn nur so kann man sein Trading auch wirklich dauerhaft verbessern.

2 Handelsvorbereitung

Bevor ein Händler überhaupt einen Trade absetzen kann, gibt es einige Dinge zu erledigen. Eine gründliche Vorbereitung auf den Handelstag ist sehr wichtig, um während des Handelstages nicht in Stress zu geraten. Als erstes sollte ein Händler immer überprüfen, welche News im Laufe des Tages beziehungsweise im Laufe der Woche anstehen. Kurzfristig können News je nach Wichtigkeit immer zu Kursausschlägen an den Märkten führen.

Die wichtigsten News für die Märkte sind:

- Notenbanksitzungen/Zinsentscheidungen
- Reden der Notenbankchefs
- Inflationszahlen
- Arbeitsmarktberichte (Non-Farm Payrolls aus den USA)
- Bruttoinlandsprodukt (BIP)
- Quartalsberichte der Unternehmen

Es gibt noch sehr viele andere ökonomische Daten, aber die oben genannten sind die mit Abstand wichtigsten. Wenn ein Händler am Montagmorgen sieht, dass am Mittwoch das Sitzungsprotokoll der amerikanischen Notenbank veröffentlicht wird, dann ist es sehr wahrscheinlich, dass in den Tagen vorher das Volumen deutlich geringer ist. Denn die großen Marktteilnehmer warten alle auf dieses Protokoll. Darauf kann sich der Trader einstellen und auch seine Handelsfrequenz in den nächsten Tagen anpassen und sein Risiko an diese Situation adjustieren. Die Aktienmärkte laufen in den Tagen vor einer Notenbanksitzung sehr häufig seitwärts, weswegen sich ein Trader in dieser Zeit am besten zurückhält.

Notenbanken sind der alles entscheidende Marktteilnehmer, und die Geldpolitik der wichtigsten Notenbanken ist der wichtigste Faktor, der die weltweiten Finanzmärkte beeinflusst. Arbeitsmarktbericht, Inflationszahlen und das BIP sind die drei wichtigsten ökonomischen Daten für eine Volkswirtschaft, und die Notenbanken passen ihre Geldpolitik entsprechend diesen Daten an.

Zur Handelsvorbereitung gehört auch, sich als Händler anzuschauen, was an den asiatischen Märkten in der Nacht passiert ist. Denn wenn der Nikkei oder der Shanghai Composite sehr starke Bewegungen aufweist, werden die europäischen Märkte am frühen Morgen mit großer Wahrscheinlichkeit mit einer Kurslücke (Gap) eröffnen. Genauso wichtig ist es natürlich, sich anzuschauen, was am Vorabend an den amerikanischen Börsen geschehen ist. Obwohl ein Trader in erster Linie mit dem Chart arbeitet, gehört es unbedingt dazu, sich regelmäßig mit den fundamentalen Daten zu beschäftigen. Wir haben schon ausführlich besprochen, dass die fundamentalen Anleger neben den Notenbanken der wichtigste und größte Marktteilnehmer sind. Für eine Übersicht über die aktuellen fundamentalen Entwicklungen sind die Internetseiten von CNBC (www.cnbc.com) und Bloomberg (www.bloomberg.com) sehr zu empfehlen. Zwar wollen wir Trader trotzdem das handeln, was wir im Chart sehen. Aber in den meisten Fällen spiegelt der Chartverlauf auch die fundamentale Situation an den Märkten wider.

Nachdem sich ein Händler den Wirtschaftskalender und die allgemeine Marktsituation angeschaut hat, beginnt er mit dem Screening der Charts. Je nach der zeitlichen Nähe und der jeweiligen Trendgröße, die ein Händler traden will, sollte er unterschiedlich viel Zeit mit dem Screenen der Märkte verbringen. Ein Vollzeit-Händler wird jeden Tag die wichtigsten Indizes und Forex-Werte überfliegen. Die Aktienmärkte sollten ein- bis zweimal pro Woche gescreent werden, da es sinnvoller ist, Aktien auf größeren Trendgrößen zu handeln. Indizes und Währungen kann ein Händler auch auf kleineren Trendgrößen handeln, und deswegen sollte man hier jeden Tag ein Screening durchführen. Sind auf diese Weise interessante Werte identifiziert worden, kommen diese auf eine Beobachtungsliste (Watchlist). Diese Liste wird dann jeden Tag beobachtet und gepflegt.

X

KAPITEL 10: HANDELSANSATZ

Der Handelsansatz, der in diesem Buch vermittelt werden soll und der von den Autoren täglich im professionellen Handel umgesetzt wird, ist ein diskretionärer Trendfolge-Ansatz. Hierbei spielen die Trendgrößen eine Schlüsselrolle, welche im Tageschart zu erkennen sind. Auch wenn andere Trendgrößen ebenso als Richtungsgeber herangezogen werden können, haben die Trendgrößen des Tagescharts die größte Bedeutung. Diese werden im professionellen Handel nie vernachlässigt. Sie sind die Spuren, welche die großen Marktteilnehmer hinterlassen, und damit sind sie auch automatisch diejenigen Trendgrößen, welche den Takt vorgeben.

Wenn wir im professionellen Handel einem Trend folgen, sollte sich dieser in einer für den Handel attraktiven Ausgangslage befinden. Aus diesem Grund handeln professionelle Trader ausschließlich möglichst tief aus der Korrektur, um so von der nächsten Bewegung ein Maximum mitzunehmen und möglichst schon vor dem nächsten Punkt 2 erste Gewinne zu realisieren. So besteht die Handelsabsicht immer darin, einem stabilen Trend zu folgen, welcher sich in einer Korrektur von über 50 Prozent der vorangegangenen Bewegung befindet, um dann die nächste Bewegung in Trendrichtung zu handeln (siehe Abbildung 38).

Hierbei werden immer zwei nach Größe aufeinander folgende Trendgrößen miteinander kombiniert. Der übergeordnete Trend ist der Richtungsgeber und die nächstkleinere Trendgröße ist der zu handelnde Trend. Damit ist die Frage des Wo, also die Frage nach der spezifischen Situation, aus der heraus gehandelt wird, beantwortet (vgl. Abbildung 39). Wichtig ist außerdem noch das Wie. Wie also handelt ein Trader die bevorstehende Bewegung? Dieses Thema wird in den folgenden Abschnitten näher beleuchtet.

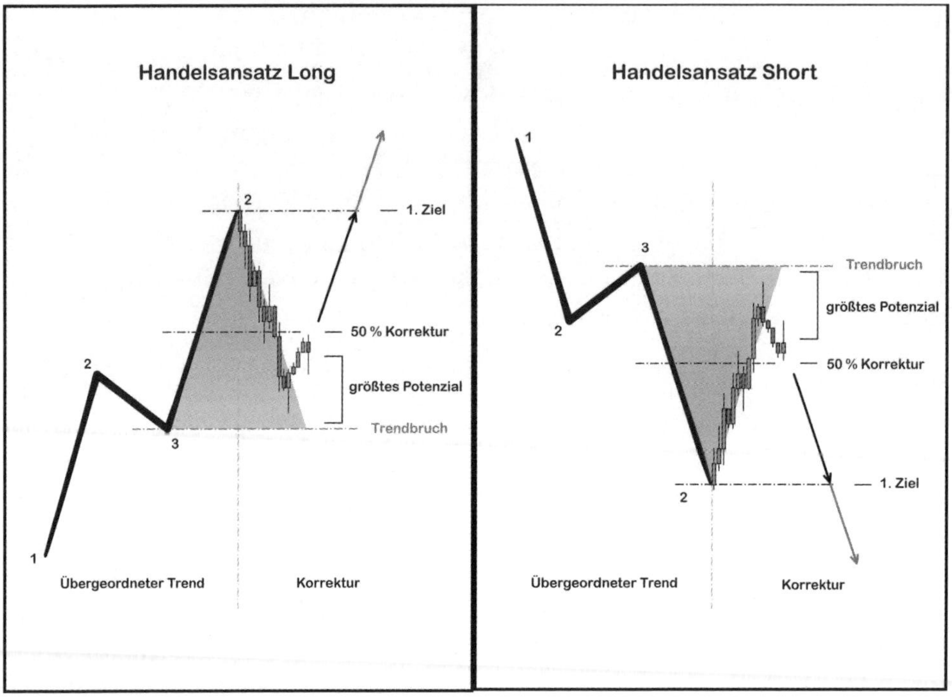

Abbildung 38: Handelsansatz

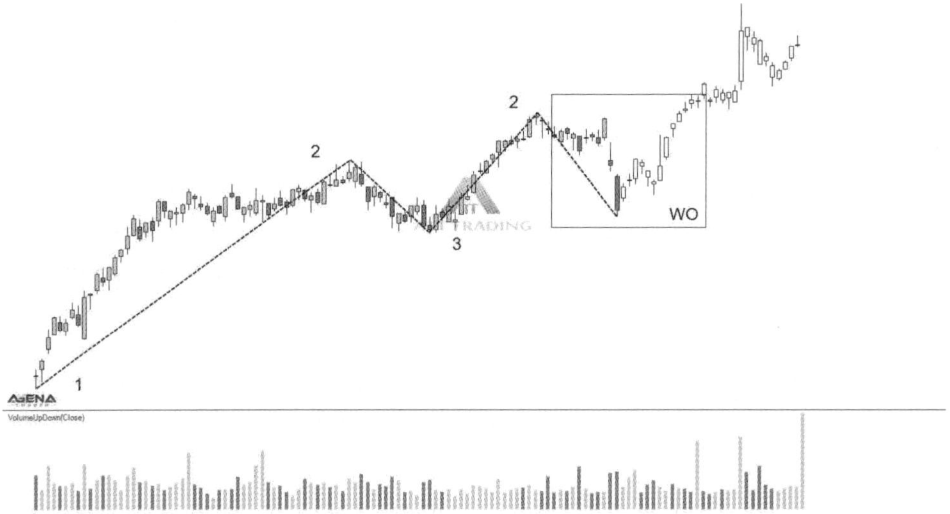

Abbildung 39: Die Frage nach dem Wo

1 Setups, Einstiege und Initial-Stops

Die Ausgangssituation für jede Art von Einstieg, welche in diesem Buch beschrieben wird, ist immer ein bestehender Trend. Dieser Trend muss die beschriebenen Eigenschaften aufweisen als Voraussetzung dafür, dass der bevorstehende Trade überhaupt lukrativ sein kann. Wie gesagt, ist ein stabiler Trend notwendig, welcher sich tief in einer Korrektur befindet. Hierbei kommt es nicht darauf an, welchem Trend ein Händler folgen möchte, da er die freie Wahl hat, die für sich richtige Trendgröße herauszusuchen.

Ist die Analyse abgeschlossen, sind alle Werte, die für den Handel infrage kommen, gründlich sortiert und überwacht. Jetzt beginnt die Phase, in der ein Trader zum Trader wird, indem er Einstiege sucht und Trades absetzt, um damit Profite zu erwirtschaften und Geld zu verdienen.

Dementsprechend ist das nächste große Thema der Einstieg und alles, was zu einer sinnvollen Trade-Eröffnung gehört. Ein Einstieg findet grundsätzlich in immer wieder gleichen Situationen statt, die im Folgenden Setups genannt werden. Zu einem Setup gehören immer ein Trend, der sich weit in der Korrektur befindet, und die nächstkleinere Trendgröße, welche gehandelt wird, nachdem sich diese in Richtung des übergeordneten Trends gedreht hat. Ist diese Situation eingetreten und hat sich ein Trend im Trend gebildet, besteht nun die Möglichkeit, durch unterschiedliche Setups direkt einzusteigen und seinen Initial-Stop sinnvoll zu platzieren.

2 Setup 1 – Einstieg am Punkt 2

Nachdem sich ein Trend im Trend gebildet hat, kann der Händler einsteigen. Dabei ist wichtig, dass vom übergeordneten, sich in der Korrektur befindlichen Trend aus gesehen immer nur die nächstkleinere Trendgröße für den Einstieg genutzt wird. Dieses Kriterium stellt oftmals für den Trading-Anfänger ein großes Problem dar, weil er oft eine Trendgröße überspringt, sich also eine viel zu kleine Trendgröße heraussucht. Dies hat in der Regel zur Folge, dass der Trade einen komplett falschen Horizont besitzt und dann frühzeitig ausgestoppt wird. Die richtige Trendgröße zu erkennen und diese für den Einstieg und die weitere Trade-Verwaltung zu nutzen, ist enorm wichtig und benötigt einiges an Zeit und Übung. Grundvoraussetzung für einen Einstieg ist also, dass sich die von unserem übergeordneten Trend aus nächstkleinere Trendgröße dreht und wieder in die Haupttrendrichtung weiterläuft. Doch wann ist das der Fall? Hierbei sind unterschiedliche Situationen zu beachten.

Natürlich ist der erste Einstieg genau dann möglich, wenn sich das sogenannte erste Signal herausbildet. Das heißt, wenn sich das erste Gegensignal der zugrunde liegenden kleineren Trendgröße ergibt, welche vorerst noch in Korrektur-Richtung des richtungsweisenden übergeordneten Trends verläuft. Dieses Gegensignal besteht ebenso aus einer Trendbildung nach Definition, mit Bewegung, Korrektur und anschließendem Über- oder Überschreiten des ersten Punktes 2. Dabei wird aber nur die für den Handel wichtige kleinere Trendgröße beachtet. Genau dieses Szenario nennt man das erste Signal. Es kann als erste Möglichkeit für einen frühen Einstieg genutzt werden. In diesem Fall erfolgt der Einstieg direkt beim Punkt 2 also in der ersten Situation, welche signalisiert, dass sich die kleine Trendgröße umdreht und in Haupttrendrichtung weiterverlaufen wird. Entscheidet sich der Händler für diesen Einstieg, so legt er seinen Initial-Stop-Loss kurz über oder unter dem nun gebildeten dazugehörigen Punkt 3.

Dieses erste Signal kann für einen Trader eine sehr lukrative Möglichkeit mit erhöhtem Potenzial sein, in eine nahende größere Bewegung einzusteigen. Dabei wäre der Händler, sollte der Kurs davonlaufen und den übergeordneten Trend sofort durch eine starke Bewegung vervollständigen, auf jeden Fall investiert und würde diese Bewegung nicht verpassen.

Es ist klar, dass bei diesem Setup das Potenzial zum ersten Ziel groß ist. Trotzdem muss dem Händler bewusst sein, dass der Einstieg am Punkt 2 auch ein riskantes Setup darstellt. Zwischen dem Einstieg beim ersten Signal, wenn der vorherige Trend schon gebrochen ist, und dem Einstieg, wenn dieser noch nicht gebrochen ist, ist unbedingt zu unterscheiden. Beide Szenarien sind möglich, trotzdem liegt es auf der Hand, dass der Einstieg mit Bruch des vorherigen Trends von Vorteil ist.

Allgemein gilt das erste Signal als eine der riskanteren Einstiegsmöglichkeiten, aber mit dem oftmals größten Potenzial einer Wertveränderung zum ersten Ziel, dem nächsten Punkt 2 des übergeordneten Trends. Genau diesen Punkt wollen wir als Händler immer anvisieren. Deshalb sollte ein Trader auch beim Einstieg am Punkt 2 immer darauf achten, dass der Stop-Abstand zum Einstieg nicht zu groß ist.

Die Abbildungen 40 und 41 zeigen im Überblick die beiden verschiedenen Möglichkeiten eines Einstiegs beim ersten Signal (Trendbruch oder Gegensignal). In Abbildung 42 und 43 lässt sich dann nachvollziehen, wie ein solcher Einstieg bei einem Long- oder Short-Trade vonstattengeht.

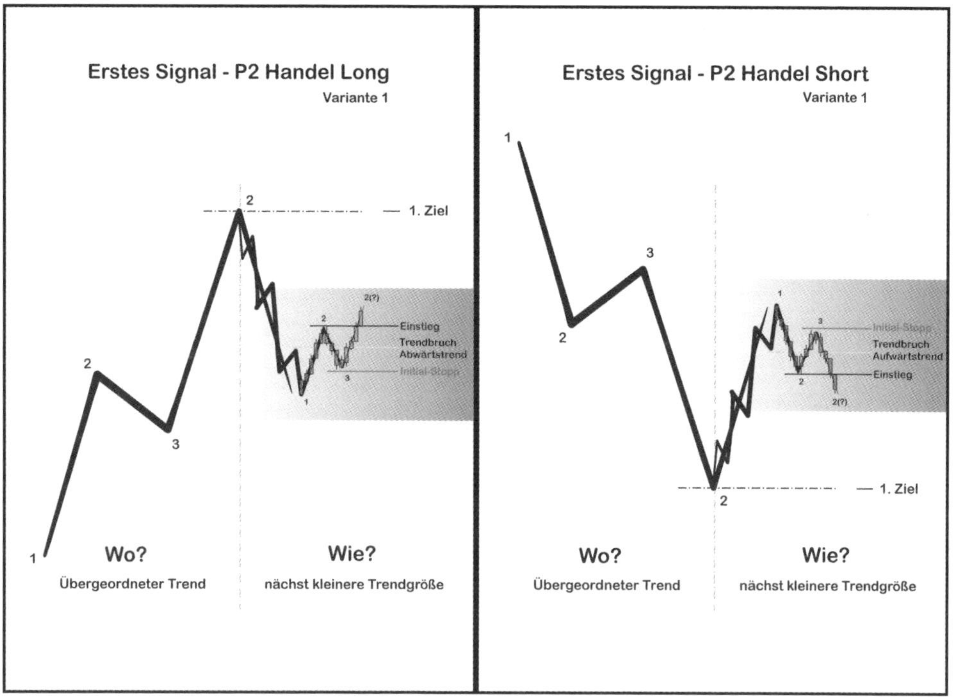

Abbildung 40: Setup I erstes Signal mit Trendbruch

Ebenso wäre es möglich, das erste Signal erst einmal abzuwarten und den Wert beim zweiten Signal am Punkt 2 zu handeln (siehe Abbildungen 44, 45 und 46). Hierbei wartet der Trader nach einer Trendbildung auf die nächste Korrektur und steigt dann beim nächsten Über- oder Unterschreiten des sich neu bildenden Punktes 2 ein. Die Stopsetzung ist identisch mit der beim Einstieg beim ersten Signal. Der Initial Stop-Loss wird entsprechend über oder unter den neuen Punkt 3 gesetzt.

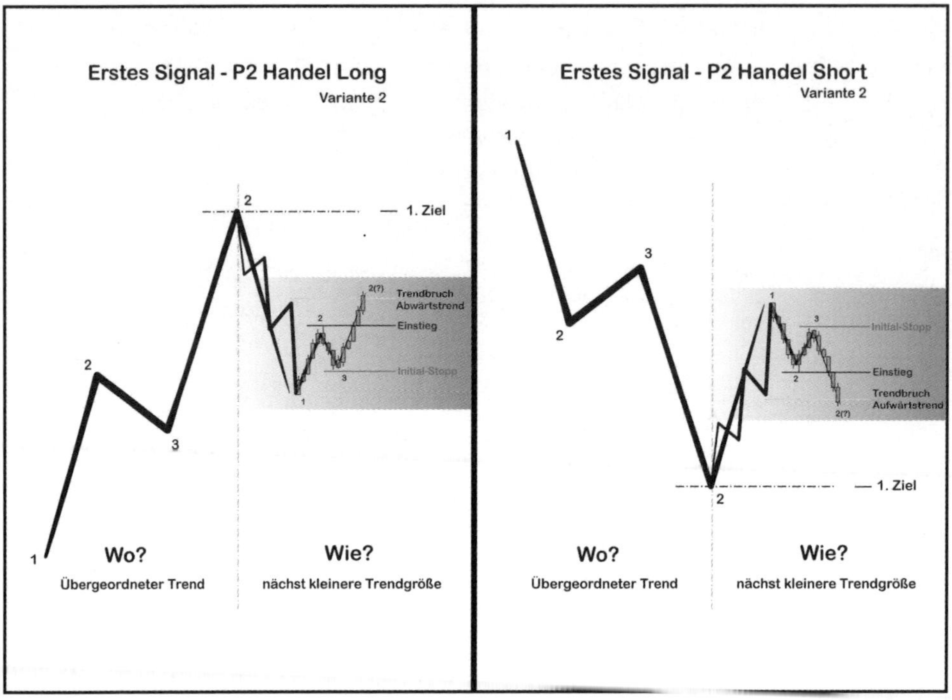

Abbildung 41: Setup I erstes Signal durch Gegensignal

Abbildung 42: Setup I erstes Signal long

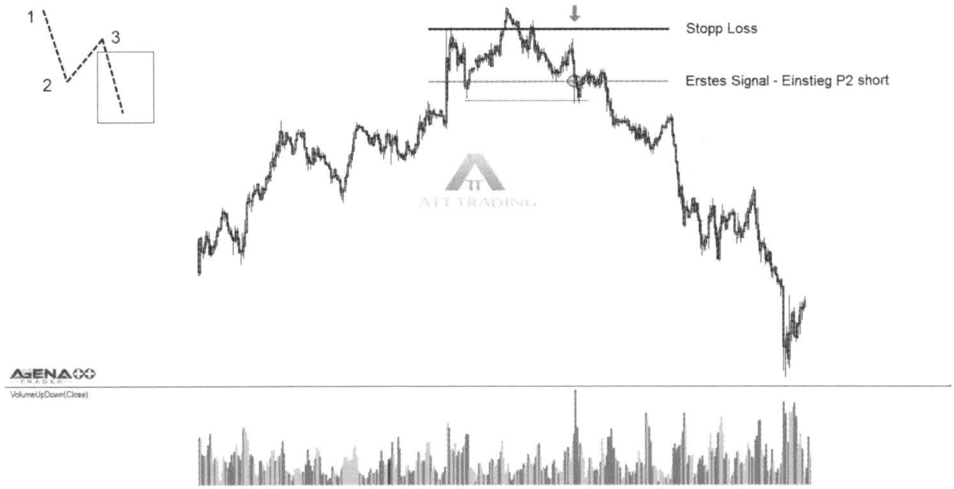

Abbildung 43: Setup I erstes Signal short

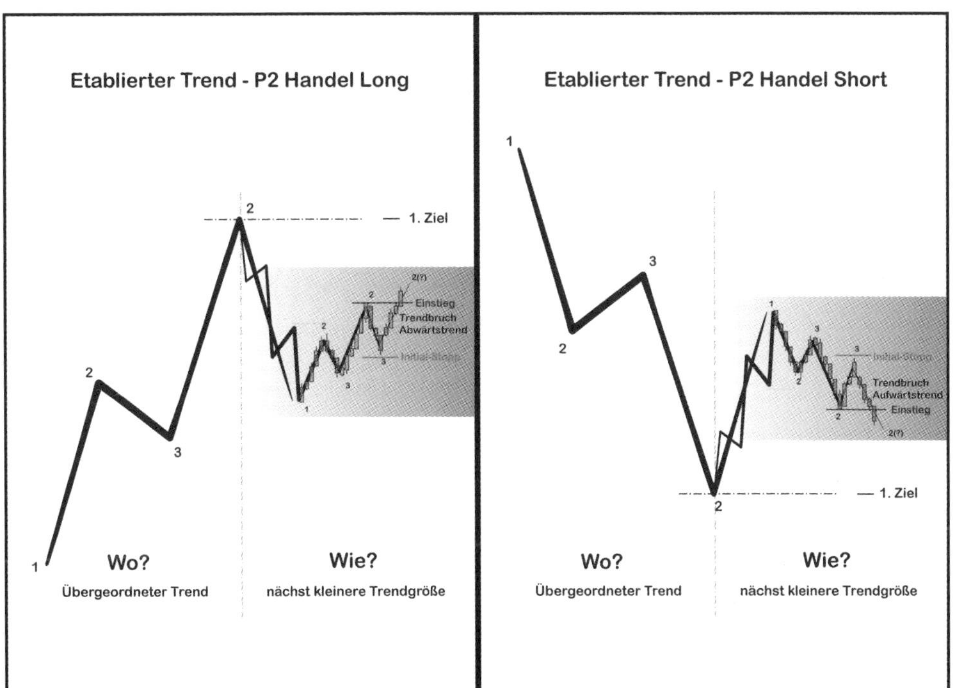

Abbildung 44: Etablierter Trend – Einstieg am P2

Abbildung 45: Etablierter Trend – Einstieg am P2 long

Abbildung 46: Etablierter Trend – Einstieg am P2 short

Der Punkt 2 ist eine klassische Möglichkeit, in einen Wert einzusteigen, und wahrscheinlich auch die am weitesten verbreitete. Die Vorteile liegen in der Einfachheit und Klarheit des Setups. Man steigt bei der Trendbildung sowie bei der Trendbestätigung ein und hat dazu den Kurs auf seiner Seite, weil der Einstieg immer dann vollzogen wird, wenn der Kurs sich in die beabsichtigte Handelsrichtung entwickelt. Ein Nachteil liegt oftmals in der Entfernung des Initial-Stops, denn damit verbunden ist ein weniger lukratives Chance-Risiko-Verhältnis bezogen auf das erste Ziel. Ebenso kann es passieren, dass die Position in der nächsten Korrektur vorerst in den Verlust läuft, was für den Händler immer eine unangenehme Situation darstellt und gerade bei Trading-Anfängern den emotionalen Druck deutlich erhöht. Aber auch genau das umgekehrte Szenario kann eintreten. Hierbei kommt es zu einer dynamischen und schnellen Bewegung am Punkt 2, nach der ein Wert direkt nach dem ersten Signal durch den Punkt 2 hindurchschießt und vorerst keine weiteren Einstiegsmöglichkeiten in der notwendigen Trendgröße bietet.

Der Einstieg am Punkt 2 stellt das konservativste Setup für einen Händler dar und ist Werkzeug, das im professionellen Börsenhandel häufig zum Einsatz kommt.

3 Setup 2 – Einstieg aus der Korrektur

Der Einstieg aus der Korrektur unseres untergeordneten Trends ist das zweite wichtige Setup, welches im professionellen Handel ebenfalls oft zum Einsatz kommt. Dieses Setup setzt ein wenig mehr Vorsicht und Erfahrung voraus, da es dem Händler einen größeren Handlungsspielraum für den Einstieg bietet. Dafür ist ein besonderes Fingerspitzengefühl nötig oder aber persönliche, diskretionäre Festlegungen.

Hat sich in der kleineren Trendgröße, desjenigen Wertes, welcher zum Handel herangezogen wird, ein Trend gebildet und das erste Signal wurde nicht am Punkt 2 gehandelt, besteht die Möglichkeit, eine Korrektur abzuwarten und darin einzusteigen. Hierbei kann der Einstieg pauschal per Market-Order oder mit einer limitierten Order innerhalb der Korrektur umgesetzt werden. Ebenso besteht die Möglichkeit eines gestaffelten Einstiegs mit mehr als einer Limit-Order. Da ein Händler nicht weiß, wann eine solche Korrektur abgeschlossen ist, ist es wichtig, den Einstiegszeitpunkt vor allem an der möglichen Stop-Setzung festzumachen. Hierbei gibt es besonderen Fällen Situationen, in denen der Wert korrigiert und der Händler einen verhältnismäßig engen Stop für den Einstieg gesetzt hat. Der Initial-Stop beim Einstieg aus der Korrektur kommt immer auf den letzten Punkt 3 der zu handelnden Trendgröße, dorthin, wo der Trend gebrochen wäre.

Die Besonderheit dieses Setups liegt in dem Bereich, der dem Händler für den Einstieg zur Verfügung steht. Anders als beim Punkt-2-Handel gibt es keinen genauen Einstiegspunkt, sondern nur einen für den Einstieg interessanten Bereich, innerhalb dessen sich der Händler für den konkreten Einstiegspunkt entscheiden muss. Grundsätzlich ist es auch hier sinnvoll, zunächst pauschal eine Korrektur von mindestens 50 Prozent abzuwarten. Danach ist es dann Erfahrungssache, zu merken, wann der richtige Zeitpunkt für den Einstieg gekommen ist. Eine sinnvolle Lösung für das Problem, nicht zu wissen, wie weit die Korrektur noch laufen wird, besteht darin, auf Kerzenkörper zu warten, welche signalisieren, dass der Wert nun wieder in Trendrichtung weiterverlaufen wird und in seine ursprüngliche Bewegung übergeht. Gemeint sind Kerzen, welche an Dynamik verlieren und wieder erste Schlusskurse in Trendrichtung verzeichnen. Solche Anzeichen sind oftmals nach einer Korrektur von 50 bis 90 Prozent zu beobachten.

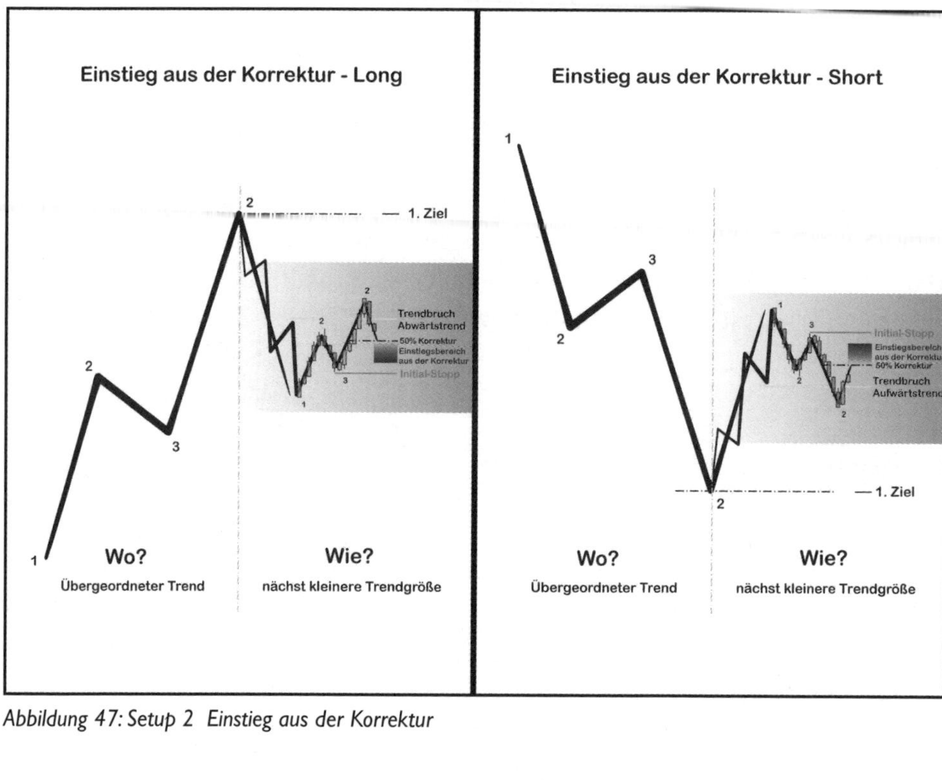

Abbildung 47: Setup 2 Einstieg aus der Korrektur

Der Einstieg aus der Korrektur ist wohl die klügste Art, in einen Trend einzusteigen. Die Vorteile liegen in dem oftmals günstigeren Stop und in der Tatsache, dass die Position, wenn der Wert seine Bewegung aufnimmt, sofort in den Gewinn läuft. Der Nachteil für einen Händler liegt vor allem in der Schwierigkeit, den perfekten Einstiegspunkt zu finden. Außerdem ist dieses Setup mit größeren psychischen Anstrengungen verbunden, da sich der Wert um den Einstiegszeitpunkt in der Korrektur befindet und somit nicht in Trendrichtung verläuft.

Die Abbildungen 47, 48 und 49 zeigen, wie sich ein Einstieg aus der Korrektur vollzieht.

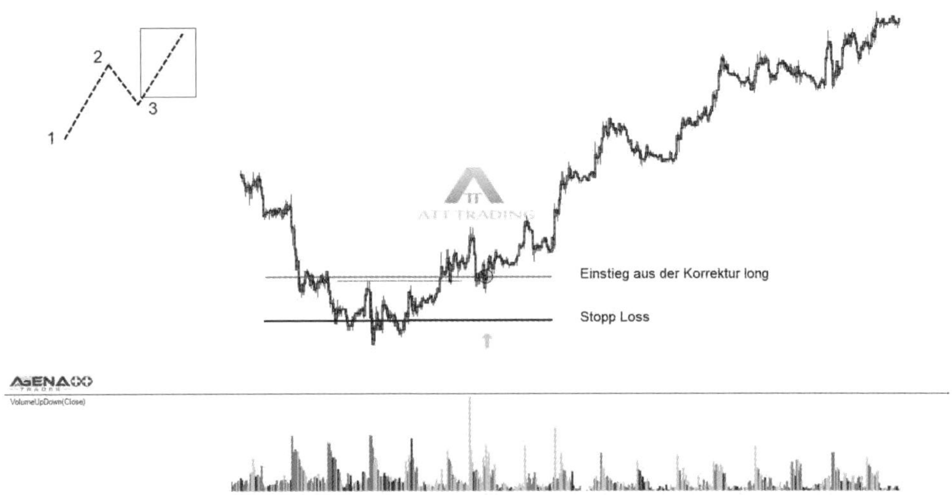

Abbildung 48: Setup 2 – Einstieg aus der Korrektur long

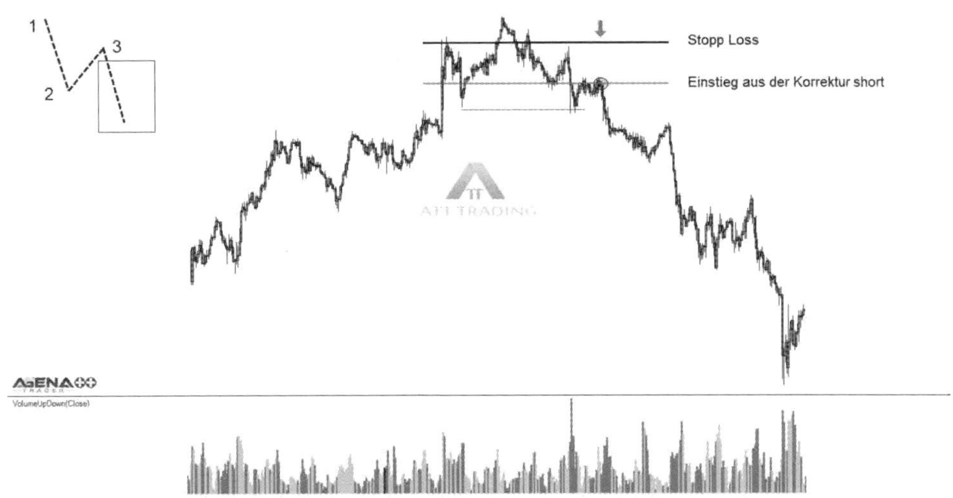

Abbildung 49: Setup 2 – Einstieg aus der Korrektur short

4 Kombinationen Setup 1 und Setup 2

Die Setups 1 und 2 können grundsätzlich beliebig miteinander kombiniert werden. Dadurch lässt sich der eine oder andere Nachteil, den die für sich allein stehenden Setups mit sich bringen, kompensieren.

Grundsätzlich geht es bei der Kombination der Setups immer darum, nur mit einem Teil der eigentlichen Positionsgröße zu starten und die Position dann weiter aufzubauen. Der Einstieg beim ersten Signal am Punkt 2 ist immer mit erhöhtem Risiko verbunden, da zu dem Zeitpunkt noch nicht klar ist, ob sich aus diesem Signal ein Trend entwickelt und ob dieser den Händler mit seiner Position zum ersten Ziel des übergeordneten Trends führt. Wenn man andererseits als Händler vom Handel des ersten Signals absieht, kommt es regelmäßig zu Szenarien, in denen der Markt durch das erste Signal durchläuft und sich mit starker Dynamik in die gewünschte Richtung entwickelt. In dieser Situation ärgert man sich als Händler natürlich, da der übergeordnete Trend da war, das Setup gepasst hat, man aber auf den Handel des ersten Signals verzichtet hat, um auf eine Etablierung des Trends zu warten und dann später einzusteigen. Nur gibt es dann kein Später mehr, denn in solchen Situationen läuft der Markt sehr dynamisch zum ersten Ziel und korrigiert auf dem Weg dorthin nicht mehr.

Jetzt kommt die Kombination von Setup 1 und 2 ins Spiel (siehe Abbildungen 50, 51 und 52). Der Trader halbiert einfach seine eigentliche Positionsgröße und geht einen Trade am Punkt 2 ein. Sollte der Markt dynamisch in die gewünschte Richtung laufen, ist der Trader auf jeden Fall dabei. Sollte dieser aber am Punkt 2 stocken und sollte sich entsprechend kein schöner Trend ausbilden, sieht der Trader von einem weiteren Positionsaufbau ab. Wenn sich nach dem ersten Signal eine normale Trendbewegung ausbildet und der Markt dann zurück in die Korrekturzone[8] des ersten Signals korrigiert, hat der Händler die Möglichkeit, mit Setup 2 aus der Korrektur die zweite Hälfte seiner Position aufzubauen. Hierbei ist unbedingt zu beachten: Diese Form der Kombination stellt die einzige Art dar, in der ein Händler die Möglichkeit hat, im Verlust aufzubauen, und das auch nur, weil er sein anfängliches Risiko von vornherein kalkuliert und beim ersten Einstieg nur die Hälfte der vorgesehenen Positionsgröße aufbaut.

---

[8] Die Korrekturzone beginnt da, wo der alte Punkt 2 sich befindet und verläuft bis zum Punkt 3, also so lange der Trend noch intakt ist.

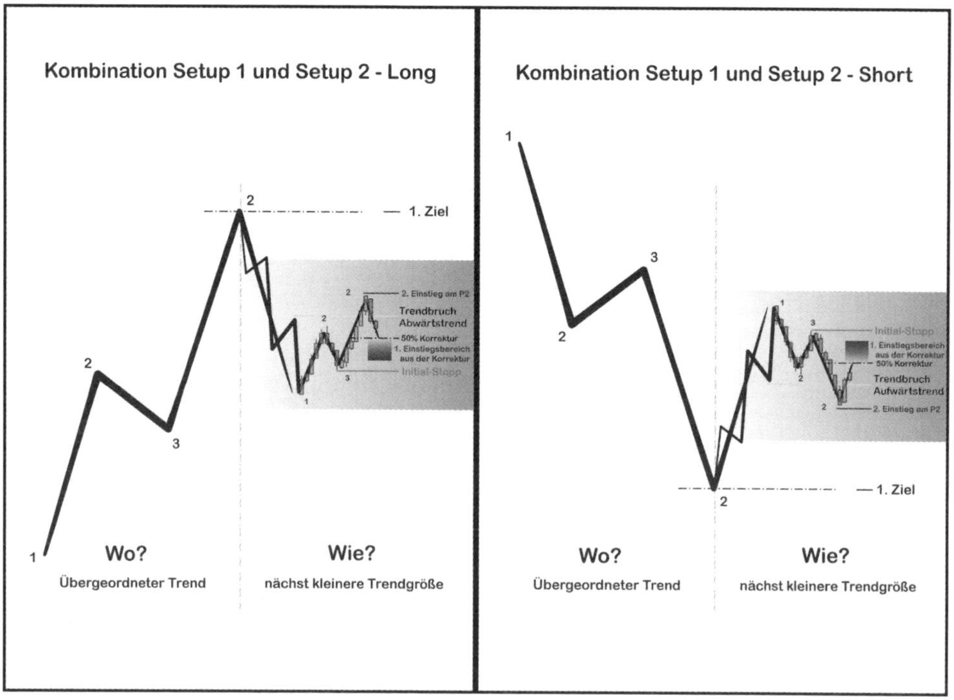

Abbildung 50: Kombination von Setup 1 und 2

Abbildung 51: Kombination von Setup 1 und 2 long

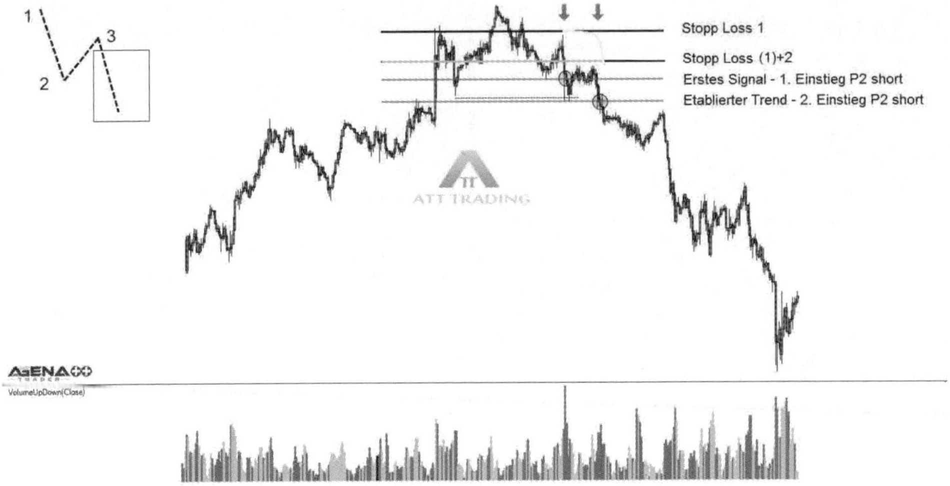

Abbildung 52: Kombination von Setup 1 und 2 short

Abbildung 53: Kombination von Setup 1 und 2 long

Ebenso können Setup 1 und 2 in umgekehrter Reihenfolge kombiniert werden (siehe dazu Abbildungen 53 und 54). Dabei erfolgt der erste Einstieg mit halber Positionsgröße aus der Korrektur eines etablierten Trends und mit der zweiten Hälfte der Positionsgröße am nächsten Punkt 2. So kompensiert der Händler das Risiko beim Einstieg aus der Korrektur mit einer halben Positionsgröße, weil sich in der Situation der Markt gegen die eigentliche Trendrichtung entwickelt, und baut dann während der Fortsetzung am nächsten Punkt 2 seine Position vollständig auf. Zur Illustration der Funktionsweise, siehe auch Abbildung 55 und 56.

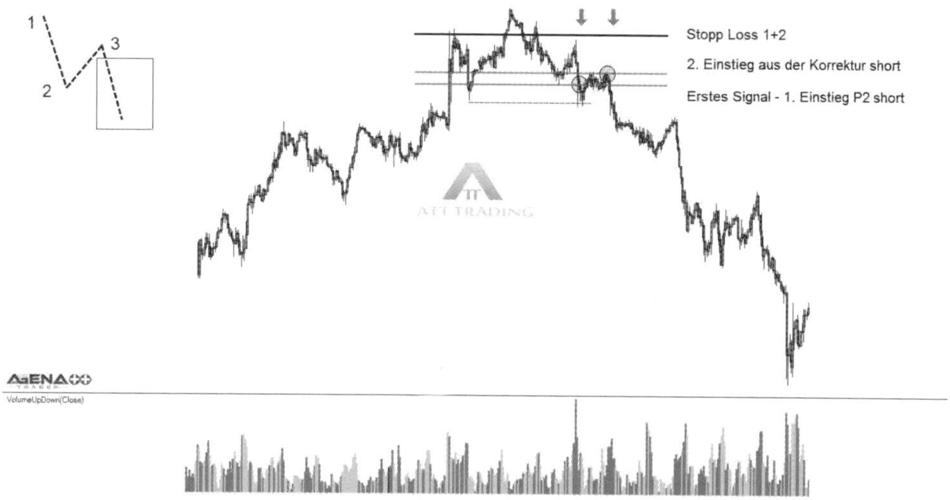

Abbildung 54: Kombination von Setup 1 und 2 short

Abbildung 55: Kombination von Setup 1 und 2 long

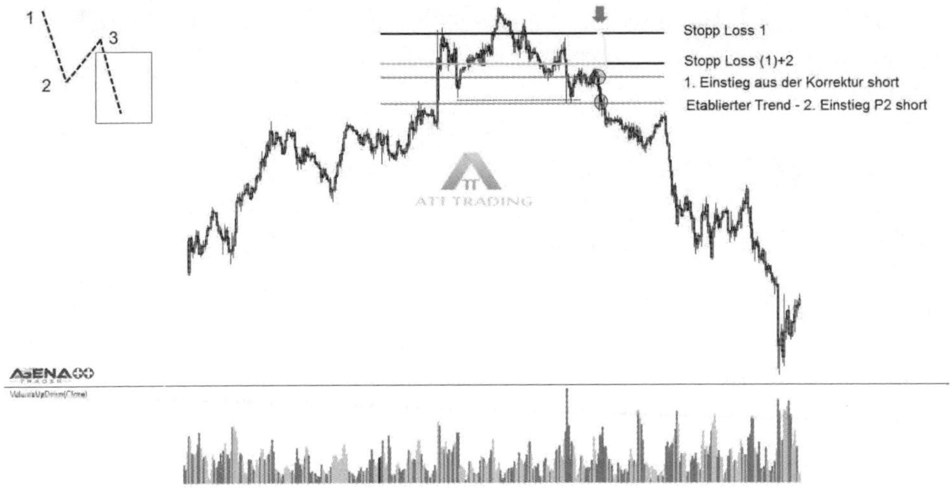

Abbildung 56: Kombination von Setup 1 und 2 short

5 Einstieg per Umkehrstab

Der Einstieg per Umkehrstab ist grundsätzlich auf allen Trendgrößen und Zeiteinheiten möglich, besitzt aber auf Tagesbasis die größte Bedeutung, denn ein Signal per Umkehrstab verliert an Aussagekraft, je kleiner die Zeiteinheit und die Trendgröße werden. Daher wird dieses Setup vor allem auf Tagesbasis gehandelt.

Die Herangehensweise ist zunächst die gleiche wie bei den anderen Setups, nur dass sich der Händler auf die Zeiteinheit der richtungsweisenden übergeordneten Trendgröße fixiert. Demnach wird auch hier vorerst nach einem Trend Ausschau gehalten, der sich weit in einer Korrektur befindet, nur dass dann nicht auf eine andere Zeiteinheit geschaltet wird, um ein Signal in der nächstkleineren Trendgröße zu suchen. Der Händler bleibt auf der Zeiteinheit des übergeordneten Trends, in der Regel also auf dem Tageschart. Hat er dort einen Trend ausgemacht und befindet sich dieser in einer Korrektur von mindestens 50 Prozent, kann er Ausschau nach einem sogenannten Umkehrstab halten.

Ein Umkehrstab markiert immer ein neues Hoch oder Tief in der Korrektur entgegen der zugrunde liegenden Trendrichtung. Idealerweise ist mit diesem Hoch oder Tief dann eine Korrektur-Tiefe von über 50 Prozent erreicht. Umkehrstäbe haben des Weiteren die Eigenschaft, dass sie abgesehen von ihrer exponierten Lage im

Anschluss und vor dem Abschließen der Kerzenperiode nochmals stark in die angestrebte Trendrichtung drehen. Daraus bildet sich häufig eine charakteristische Candlestick-Form, welche aus einem kleineren Kerzenkörper und einer längeren Lunte besteht.

Betrachtet wird die Zeiteinheit der übergeordneten Trendgröße, nachdem sich ein Umkehrstab in exponierter Lage in einer weiten Korrektur gebildet hat. Der Einstieg erfolgt dann bei dem Über- oder Unterlaufen des betrachteten Umkehrstabs in Trendrichtung durch die darauffolgende Kerzenperiode. Dabei bietet sich auch hier wie beim Einstieg am Punkt 2 eine Stop-Order besonders an. Der dazugehörige Initial-Stop wird auf dem Hoch oder Tief entgegen der Trendrichtung des gehandelten Umkehrstabs festgelegt (vgl. Abbildung 57, 58 und 59). Die weitere Stop-Verwaltung erfolgt dann per Bewegungshandel auf der jeweiligen betrachteten Zeiteinheit und wird im Folgenden genauer erörtert.

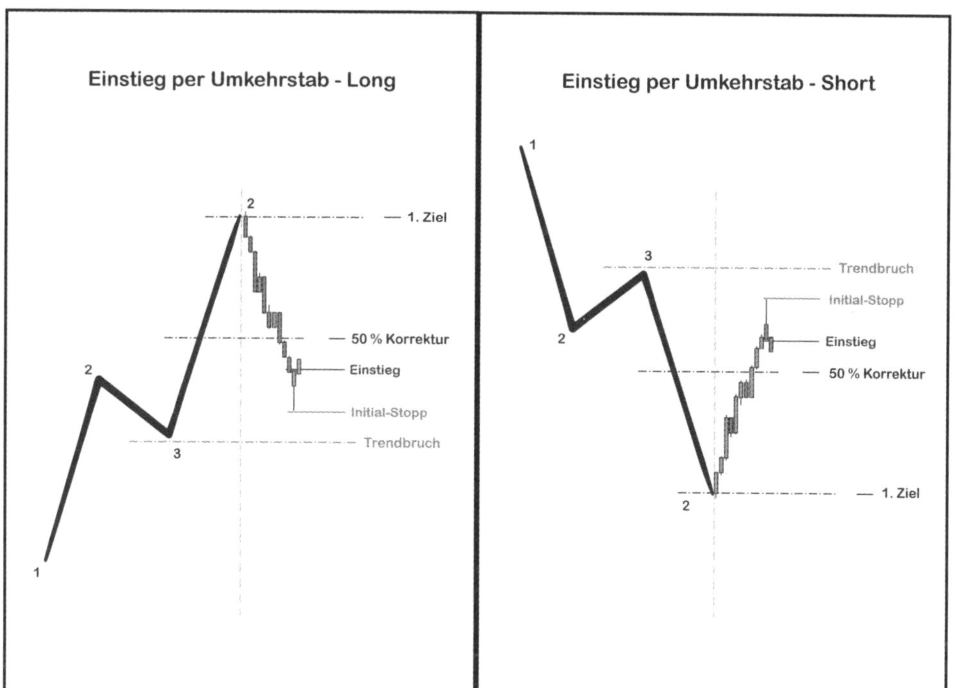

Abbildung 57: Setup 3 – Einstieg per Umkehrstab

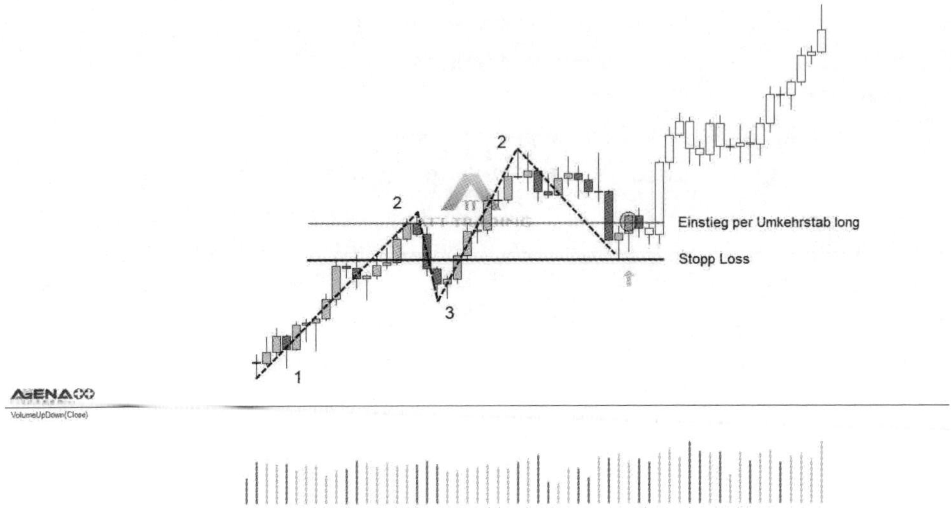

Abbildung 58: Setup 3 – Einstieg per Umkehrstab long

Abbildung 59: Setup 3 – Einstieg per Umkehrstab short

XI

KAPITEL 11: TRADE-VERWALTUNG

Die Trade-Verwaltung ist neben der Einstiegsstrategie, dem Risiko- und dem Money-Management einer der wichtigsten Bestandteile des professionellen Tradings. Dabei dreht sich alles darum, was zu tun ist, nachdem ein Trade eröffnet wurde. Hierbei spielt das Ziel, so viel wie möglich aus einem Trade mitzunehmen, immer eine zentrale Rolle, ebenso die Erhöhung der Trefferquote und des Durchschnitts von Gewinn- und Verlust-Trades.

Die meisten Trading-Anfänger haben eine ganze Weile damit zu tun, sich darüber klar zu werden, wo für sie der perfekte Einstieg ist und wo der dazugehörige Initial-Stop liegen muss. Natürlich sind das zwei sehr wichtige Dinge. Trotzdem sollte ein Trading-Anfänger nicht glauben, diese seien der allein seligmachende Weg zum Erfolg im Börsenhandel. Denn das richtige Einstiegsszenario zu finden, ist nur die halbe Miete. Ebenso wichtig sind das Risiko- und Money-Management und vor allem die Trade-Verwaltung. Denn wer nicht weiß, was zu tun ist, wenn ein Trade anläuft, der wird keinen Erfolg an der Börse haben.

Die Trade-Verwaltung stellt jeden Trader vor eine besondere Herausforderung. Grundsätzlich geht es darum, Gewinne zu realisieren und nicht zu viel von den noch nicht realisierten Buchgewinnen wieder abzugeben. Ebenso können einzelne Bestandteile der Trade-Verwaltung ein nützliches Werkzeug sein, um auf vorangegangene Verluste zu reagieren und diese wieder auszugleichen.

Die Schwierigkeiten, die ein Trader nach der Trade-Eröffnung erlebt, können sehr unterschiedlicher Art sein. Viele Händler haben das Problem, zu viel von einem Trade zu erwarten. Daher führen sie keine Teilverkäufe durch oder den Stop nicht nach. Andere sind zu ängstlich, einen Verlust einzufahren, und machen genau das Gegenteil: Sie verkaufen zu schnell und setzen zu enge Stops. Hier zeigen sich die beiden Emotionen Angst und Gier am deutlichsten. Um alles richtig zu machen und erfolgreich zu traden, sind auch in diesem Punkt wiederum Wissen und Übung erforderlich.

1 Stop-Verwaltung

In diesem Abschnitt möchten wir uns auf die Stop-Verwaltung als Trade-Verwaltungsinstrument konzentrieren und werden dabei die schon beschriebenen Einstiegsszenarien vernachlässigen.

Nach jeder Trade-Eröffnung geht es nur noch darum, den Gewinn abzusichern, der erzielt wird, wenn der Trade anläuft. Es gilt, davon so viel wie möglich zu realisieren. Dafür gibt es unterschiedliche Stop-Verwaltungstechniken. Ebenso wichtig wie die Absicherung schon erhandelter Buchgewinne ist es, sollte der Trade weiter in den Gewinn laufen, möglichst lange dabei zu sein und ein Maximum an Gewinn aus dem eingegangen Trade zu realisieren.

Dafür gibt es zwei sinnvolle Techniken. Es ist entscheidend, die Stop-Verwaltung nicht nach Gefühl durchzuführen, sondern sich als Händler an Techniken zu halten, die dabei helfen, einen Trade nicht emotional zu durchleben. Diese beiden Techniken werden im Folgenden beschrieben.

1.1 Trendhandel

Wie Sie schon gelernt haben, besteht das Konzept des professionellen Trendhandels aus dem Einstieg in einen übergeordneten Trend aus einer tiefen Korrektur heraus. Der Einstieg in diesen Trend erfolgt untergeordnet auf der nächstkleineren Trendgröße. Dabei liegt der Initial-Stop auf dem letzten Punkt 3, dort wo die gehandelte Trendgröße gebrochen wäre. Hierbei ist besonders darauf zu achten, dass keine Trendgröße übersprungen wird.

Das Gleiche gilt für die weitere Stop-Verwaltung per Trend. Es liegt auf der Hand, dass der Stop, sollte sich der Trend fortsetzen, verwaltet wird, indem der Trader den Stop von Punkt 3 zu Punkt 3 hinterherzieht. Sie wissen bereits, dass sich durch die Trend-Zählung ein Trend dann fortführt beziehungsweise vervollständigt, wenn er den nächsten Punkt 2 durchläuft und dann ein neues Tief oder Hoch etabliert. Ist das passiert, wird der Initial-Stop erstmals von seiner Ausgangsposition versetzt und auf den nächsten Punkt 3 hinterhergezogen. Nachdem der Initial-Stop zum ersten Mal versetzt wurde, ist der Trade, je nach Position des Punktes 3, oft bereits im Gewinn abgesichert.

Diese Art der Stop-Verwaltung ist die bekannteste, und sie ist eigentlich leicht zu verstehen. Es kommt darauf an, darauf zu achten, dass der Stop auch wirklich auf den nächsten Punkt 3 der richtigen Trendgröße gezogen wird und dass dabei keine Trendgröße übersprungen wird. Um den Stop nachziehen zu können, sollte sich auf der richtigen Trendgröße eine deutliche Korrektur ausgebildet haben, mit einem prägnanten neuen Punkt 3 in der richtigen Trendgröße. Ebenso wichtig ist es auch, wie bei der Initial-Stop-Setzung etwas Luft zu lassen zwischen dem zugrunde liegenden Punkt 3 und dem Stop-Loss, da es sonst wiederum passieren kann, dass Sie grundlos ausgestoppt werden und der Markt dann weiter in die gewünschte Richtung verläuft. Natürlich ist der Trendhandel allgemein auf alle Trendgrößen möglich. Egal, ob aus der Korrektur heraus gehandelt wurde oder nicht: Immer geht es darum, dass der Stop-Loss genau dort liegt, wo der zugrunde liegende Trend gebrochen wäre. Die Abbildungen 60 bis 63 zeigen dieses Prinzip nachgezogener Stops im Trendhandel.

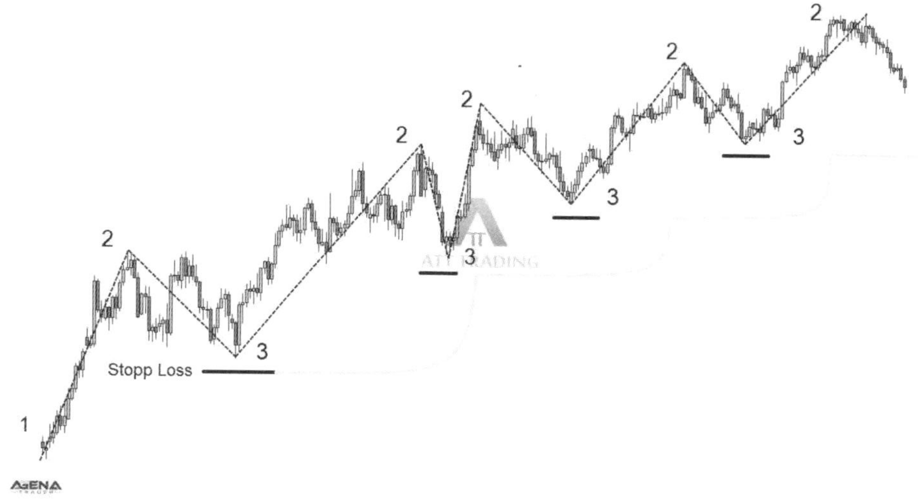

Abbildung 60: Trendhandel long

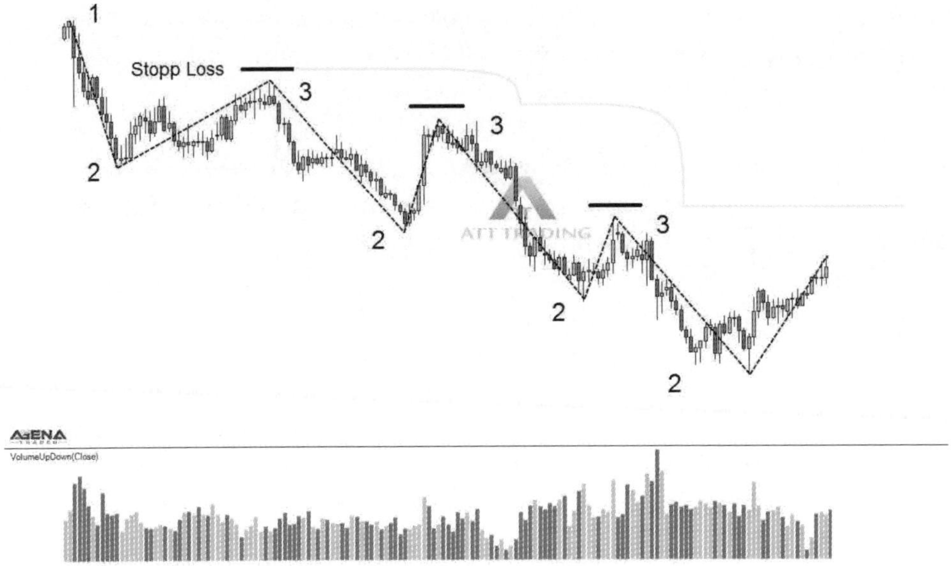

Abbildung 61: Trendhandel short

Abbildung 62: Trendhandel long

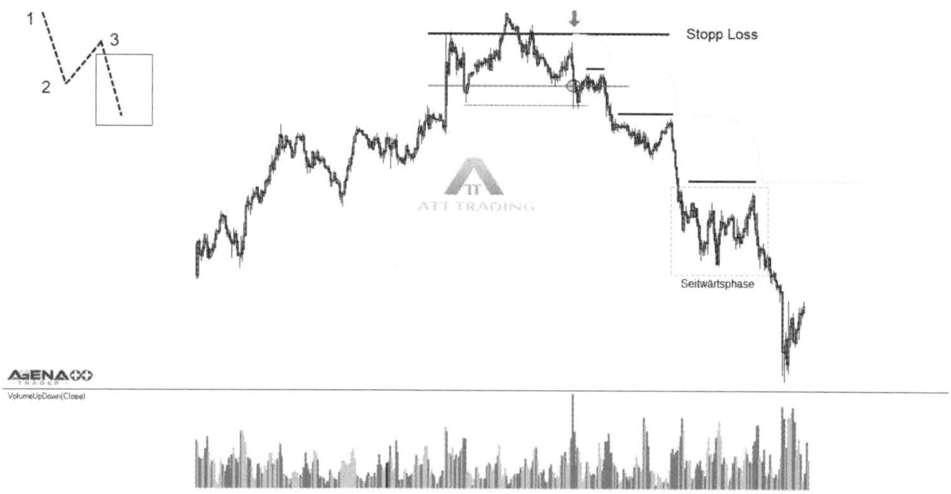

Abbildung 63:Trendhandel short

1.2 Bewegungshandel

Ebenso wie der Stop untergeordnet auf der nächstkleineren Trendgröße verwaltet werden kann, ist es möglich, den eigenen Stop auf der zur übergeordneten Trendgröße passenden Zeiteinheit von Kerzenperiode zu Kerzenperiode zu verwalten. Diese Stop-Verwaltungsart nennt man den Bewegungshandel.

Zu jeder Trendgröße, welche als Richtungsgeber oder auch als Verwaltungsgegenstand herangezogen wird, gibt es für den Händler die dazugehörige Zeiteinheit, in der die jeweiligen Trendgrößen betrachtet werden. Obwohl, wie schon erwähnt, die Trendgrößen nicht an Zeiteinheiten gekoppelt sind, gibt es bestimmte Zeiteinheiten, welchen besonders große Aufmerksamkeit zukommt. Sollte ein Trader zum Beispiel einen Trend im Tageschart als seinen Richtungsgeber ausgemacht haben und die nächste Bewegung von diesem ausgehend mitnehmen wollen, würde er für den Einstieg und die Stop-Verwaltung auf die Stunde schalten, um dort die nächstkleineren Trendgrößen ausfindig zu machen. Ebenso ist es aber auch möglich, den Stop auf der Zeiteinheit des übergeordneten Trends, von Kerzenperiode zu Kerzenperiode der ausgewählten Zeiteinheit zu verwalten. So würde der Trader in diesem Beispiel nicht auf die Stunde schalten, sondern stattdessen den Stop auf Tagesbasis per Bewegungshandel verwalten. Diese Art der Stop-Verwaltung kommt besonders häufig beim Einstieg per Umkehrstab und bei einer Art der Stop-Teilung zum Einsatz, die im Folgenden noch beschrieben wird.

Beim Bewegungshandel geht es darum, den eigenen Stop nicht per Trend von Punkt 3 zu Punkt 3 hinterherzuziehen, sondern der Trader nutzt dafür die einzelnen Kerzenperioden. So ist der grundlegende Ansatz, den Stop vom Hoch oder Tief der Kerze in Handelsrichtung auf das Hoch oder Tief der nächsten Kerze nachzuziehen. Das Ganze klingt zunächst einfach, aber es sind dabei wichtige Regeln zu beachten und umzusetzen. Zum Beispiel müssen Innen- und Außenstäbe beachtet werden. Hierbei ist eine bestimmte Kerzeninformation wichtig, welche im Bewegungshandel dazu führt, dass der Stop um eine Kerzenperiode zurückversetzt werden muss. Sollte der Schlusskurs einer Kerze innerhalb des Hochs und des Tiefs der vorhergehenden Kerze liegen, wird diese zu einer Innenkerze und die vorherige zu einem Außenstab. Ist dieses Szenario eingetreten, muss der Stop vom Außenstab aus gesehen um eine Kerzenperiode zurückversetzt werden. Dort bleibt der Stop so lange liegen, bis eine weitere Kerze wieder außerhalb des Hochs oder Tiefs des aktiven Außenstabs geschlossen hat. Erst dann zieht der Trader den Stop weiter nach, und zwar auf das Hoch oder Tief der Kerze, welche in Trendrichtung außerhalb des Außenstabs geschlossen hat. Es ist besonders darauf zu achten, dass die Rückversetzung nur in dieser besonderen Situation durchgeführt wird und dass der Stop vom Außenstab aus gesehen auch nur um genau eine Kerzenperiode zurückversetzt werden sollte. Hierbei sollte nie das Lineal angelegt werden. Der Schlusskurs der Kerze, die das Verlassen des Außenstabs abzeichnet, sollte deutlich außerhalb des vorhergehenden Außenstabs liegen.

Der Sinn dieser Rückversetzung und die Bedeutung von Innen- und Außenstäben liegt darin zu vermeiden, dass der Trade aufgrund einer untergeordneten Seitwärtsphase sinnlos ausgestoppt wird. Denn genau das stellen Außenstab und die darauffolgenden Innenstäbe dar. Letztlich sind sie lediglich die Projektion einer anderen Zeiteinheit und zeigen an, dass sich der Markt untergeordnet seitwärts bewegt beziehungsweise korrigiert.

Ein Trading-Anfänger sollte sich klarmachen, dass der Bewegungshandel auf der übergeordneten Trendgröße und der dazugehörigen Zeiteinheit fast identisch ist mit der Trendverwaltung der nächstkleineren Trendgröße. Der Bewegungshandel ist jedoch etwas ungenauer und lässt bezogen auf die Marktnähe etwas mehr Luft. Warum sollte man dann überhaupt den Bewegungshandel in Betracht ziehen, wenn es doch eigentlich sinnvoller ist, den untergeordneten Trend zu handeln?

Der Bewegungshandel hat einen besonderen Vorteil, und zwar die zeitliche Komponente. Konkret heißt das: Ein Händler muss nur einmal pro Zeiteinheit auf den Chart schauen und seine Position überprüfen. Wird der Trade auf Stundenbasis verwaltet, muss der Händler nur einmal pro Stunde auf die betreffende Position schauen. Oder wird der Trade auf Tagesbasis per Bewegung verwaltet, muss der Trader sogar nur einmal pro Tag nach seiner offenen Position schauen und nicht jede Stunde, wie das der Fall wäre, wenn er die gleiche Bewegung untergeordnet auf Stunden-Basis per Trend verwalten wollte. Diese Eigenschaft ist ein großer Vorteil vor allem für den berufstätigen Händler, der nicht die Zeit hat, seine Position jede Stunde zu kontrollieren und mit dieser Art der Stop-Verwaltung die Möglichkeit erhält, die gleiche Bewegung ohne Zeitdruck fast identisch zu verwalten.

Grundsätzlich kann der Bewegungshandel auf jeder Zeiteinheit durchgeführt werden. Neben der normalen Stop-Verwaltung eines Trades kann der Bewegungshandel ebenso Bestandteil eines Teilverkauf-Stops werden. Die Abbildungen 64 und 65 zeigen noch einmal das genaue Ablaufschema des Bewegungshandels.

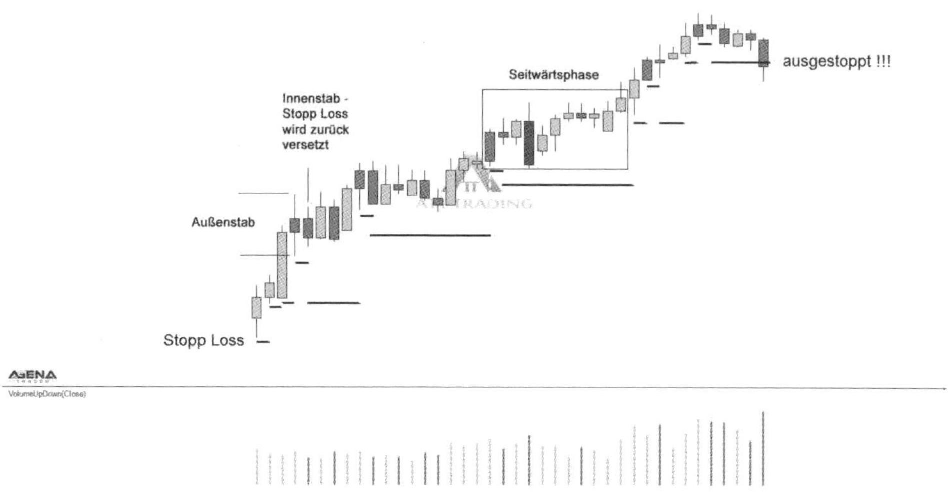

Abbildung 64: Bewegungshandel long

Abbildung 65: Bewegungshandel short

2 Teilverkäufe

Teilverkäufe sind eines der wichtigsten Instrumente überhaupt, welche einem Trader zur Verfügung stehen, um einen Trade zu verwalten, Gewinne zu realisieren, seine Trefferquote zu beeinflussen und auf bestimmte Equity-Schwankungen zu reagieren. Deshalb sind sie ein Werkzeug, welches bei keinem professionellen Händler fehlen darf.

Teilverkäufe zu tätigen, bedeutet Teile einer Position zu schließen, um Gewinne zu realisieren. Der verkaufte Anteil kann unterschiedlich groß sein - oft handelt es sich um die Hälfte, ein Drittel oder ein Viertel. Bei der Arbeit mit Teilverkäufen kommt vor allem dem ersten Teilverkauf eine zentrale Bedeutung zu.

Grundsätzlich ist die Arbeit mit Teilverkäufen für den Anfänger ein recht schwieriges Unterfangen. Oft kommt der Gedanke auf, dass ein Positionsabbau die Position verwässert und so die Chance auf einen größeren Gewinn schmälert. Natürlich stimmt das. Trotzdem ist diese Denkweise nicht professionell, da es der Ansatz eines jeden Händlers sein muss, nicht mit einem einzigen Trade viel Geld zu verdienen, sondern mit vielen Trades regelmäßige, kleinere Profite zu erwirtschaften. Die Trades sind nur Mittel zum Zweck, um eine stetig steigende Equity-Kurve zu modellieren.

Natürlich ist das Hinterherziehen des Stops bereits ein sehr wichtiges Instrument. Trotzdem befinden sich Positionen häufig im Gewinn und werden dann im Verlust ausgestoppt, da die Stop-Loss-Marke noch im Verlust gelegen hat. Und da ein Händler nie genau weiß, wie weit ein Trade läuft und was ein Trade einbringen wird, führt er nach einem bestimmten Buchgewinn und an markanten Stellen im Chart Teilverkäufe durch. Dadurch nimmt er nicht nur Risiko aus dem Markt, sondern realisiert auch Gewinne. So beeinflusst ein Trader seine Trefferquote und die eigene Psyche positiv. Ein einzelner Trade hat keine Bedeutung, deshalb ist es wichtig, immer das Gleiche zu tun, was sich bereits als richtig erwiesen hat, und eine hohe Trefferquote von mehr als 50 Prozent zu erzielen.

Wie schon erwähnt, kommt dem ersten Teilverkauf eines Trades eine zentrale Rolle zu. Wo sollte ein Trader den ersten Teilverkauf durchführen und wie groß sollte der Anteil an der Position sein, der dabei abgestoßen wird? Auf diese Frage gibt es unterschiedliche Antworten. Sie hängt vor allem vom Stil des Händlers ab, von der Trefferquote und von der Phase, in der sich die eigene Equity-Kurve im Moment befindet. Grundsätzlich ist ein Teilverkauf erst nach 1R sinnvoll. Der betreffende Positionsanteil sollte die Marke von 50 Prozent nicht überschreiten. In Situationen, in denen es einmal nicht so gut läuft, etwa wenn die letzten Trades im Minus endeten, kann ein früher erster Teilverkauf bei 1R in Höhe von 50 Prozent der Position sinnvoll sein, um mit einer gewissen Vorsicht zu agieren und schnellstmöglich die Lücke in der Equity-Kurve zu schließen. Somit ist der erste Teilverkauf vor allem auch ein Hilfsmittel, um das Risikos des eröffneten Trades zu minimieren und die Position trotz noch nicht nachgezogenem Stop abzusichern.

Das erste Ziel, welches wir in früheren Abschnitten dieses Buches schon definiert haben und welches den nächsten Punkt 2 unseres übergeordneten Trends darstellt, ist der Punkt, an dem wir spätestens den ersten Teilverkauf realisieren wollen. Wir wissen, dass genau dort viele Händler ihre Gewinne mitnehmen und dass es zu anders positionierten Einstiegen anderer Marktteilnehmer kommen kann. An diesem Punkt findet also immer eine Entscheidung statt. Der erste Teilverkauf sollte ein Viertel bis die Hälfte der Gesamtposition umfassen. Grundsätzlich ist es wichtig, mit dem ersten Teilverkauf immer auf die eigene aktuelle Situation zu reagieren. Sollte der Trade gerade schlecht laufen, können die nächsten Teilverkäufe früher stattfinden und eine höhere Wertigkeit haben; sollte er gut laufen, kann der erste Teilverkauf auch einmal etwas später erfolgen und einen kleineren Positionsanteil ausmachen. Natürlich ist es auch nicht falsch, ein komplett starres

System für sich anzuwenden, in dem die Teilverkäufe immer nach einem festen Profit getätigt werden und auch immer den gleichen Anteil ausmachen. All diese Feinheiten können von Trader zu Trader unterschiedlich gehandhabt werden und sind letztlich vom eigenen Stil abhängig. Wichtig ist nur, dass jeder versteht, dass Teilverkäufe ein professionelles und wichtiges Instrument der Trade-Verwaltung für den Händler darstellen.

Wie der richtige Zeitpunkt für einen ersten Teilverkauf im Chart identifiziert werden kann, veranschaulichen die Abbildungen 67 und 68.

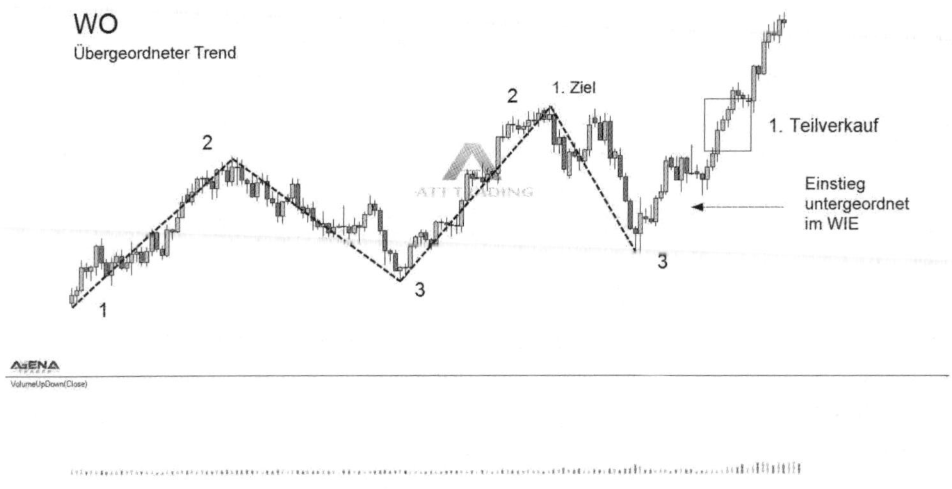

Abbildung 66: Teilverkauf spätestens am 1. Ziel

Eine weitere Feinheit ist die Stop-Teilung für die Verzögerung eines Teilverkaufs (vgl. Abbildung 68 und 69). Hierbei wartet der Trader bis zu dem Level, an dem ein Teilverkauf stattfinden soll, führt diesen dann aber nicht manuell aus, sondern zögert ihn durch einen Teilverkauf-Stop idealerweise hinaus. Dabei wird die Positionsgröße, welche sowieso verkauft werden soll, als Teil-Stop möglichst eng am Markt, also am derzeitigen Kurs, platziert und entweder auf einer sehr kleinen Trendgröße verwaltet oder als Bewegungshandel auf der Zeiteinheit des untergeordneten Trends weiterverwaltet. Der Vorteil hierbei besteht im Idealfall darin, dass der Händler, wenn sich der Markt weiter dynamisch in die gewünschte Richtung entwickelt, seinen Teilverkauf hinauszögern kann, indem er einen Teilverkauf-Stop sehr eng hinter dem aktuellen Kurs herführt. Diese Feinheit kann in manchen Marktsituationen dazu führen, dass der Gewinn des Trades nochmals maximiert wird.

Abbildung 67: Teilverkauf spätestens am 1. Ziel

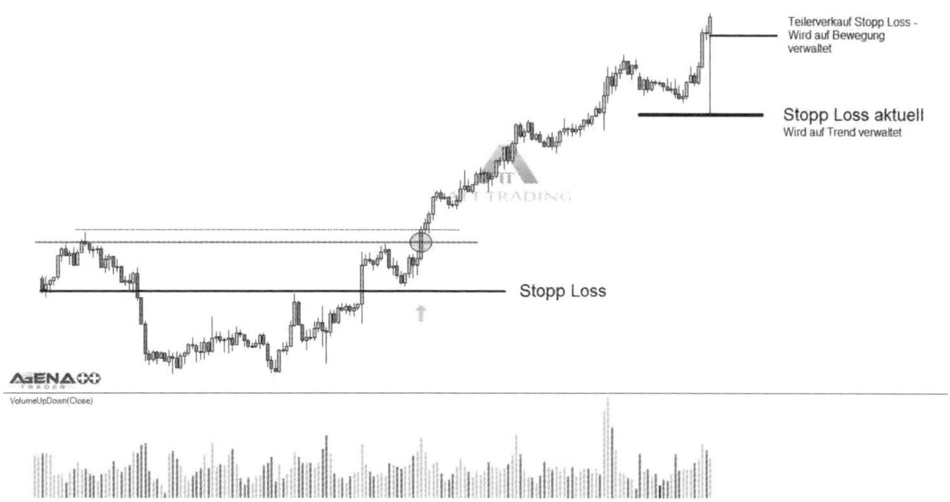

Abbildung 68: Stop-Teilung für Teilverkauf long

Abbildung 69: Stop-Teilung für Teilverkauf short

Der Teilverkauf-Stop wird als Bewegungshandel in der untergeordneten Zeiteinheit oder auf einer noch kleineren Trendgröße verwaltet. Da der Händler sowieso verkaufen möchte, zielt diese Methode nur darauf ab, das Optimum aus diesem Teilverkauf herauszuholen. Ebenso wichtig ist, die Stop-Teilung für den ersten Teilverkauf dann zu vollziehen, wenn der Markt sich nach dem Einstieg sehr dynamisch in die gewünschte Richtung bewegt. Dann nämlich steht dem Händler vorerst keine andere Möglichkeit zur Verfügung, einen Stop sinnvoll per Trend hinterherzuziehen.

Beispiele für Teilverkäufe

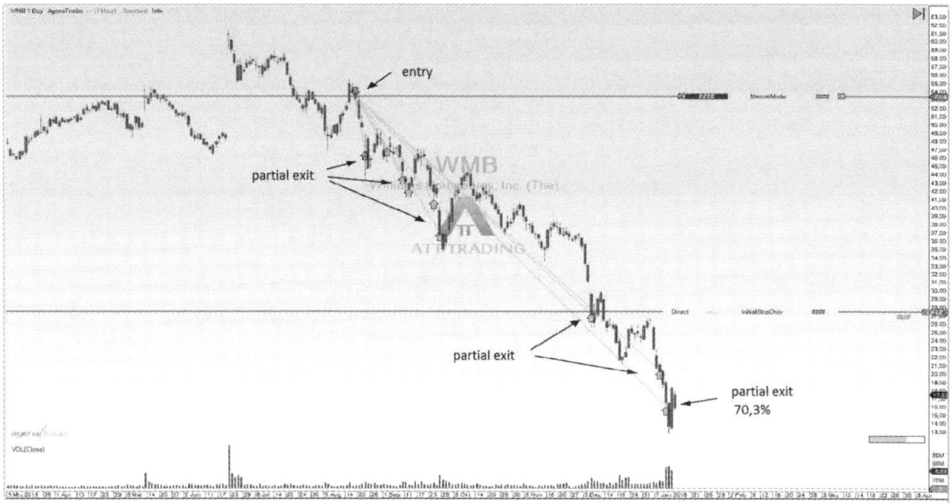

Abbildung 70: Short-Trade mit Teilverkäufen

In Abbildung 70 ist zu sehen, wie die Aktie WMB short gehandelt wurde. Die Linie ganz oben bzw. der kleine Pfeil markiert den Einstieg in diesen Trade (entry). Die dicken Pfeile darunter dokumentieren die Teilverkäufe (partial exit)[9] und hierbei lässt sich sehr gut erkennen, dass der erste Teilverkauf an einer ausgesprochen markanten Stelle vollzogen wurde. Grundsätzlich werden alle Einstiege bzw. Teilverkäufe von der Software, dem AgenaTrader, eingezeichnet. Durch eine saubere Trade-Verwaltung wurden in diesem Fall 50 Prozent der Abwärtsbewegung mitgenommen. Da der Händler aber nicht vorher wissen konnte, dass sich diese Aktie nun 50 Prozent nach unten bewegen würde, wurden eben Teilverkäufe ausgeführt. So wurde der Gewinn abgesichert, das Risiko minimiert und eine sehr große Bewegung mitgenommen.

9 Teilverkauf: partial exit (eng.)

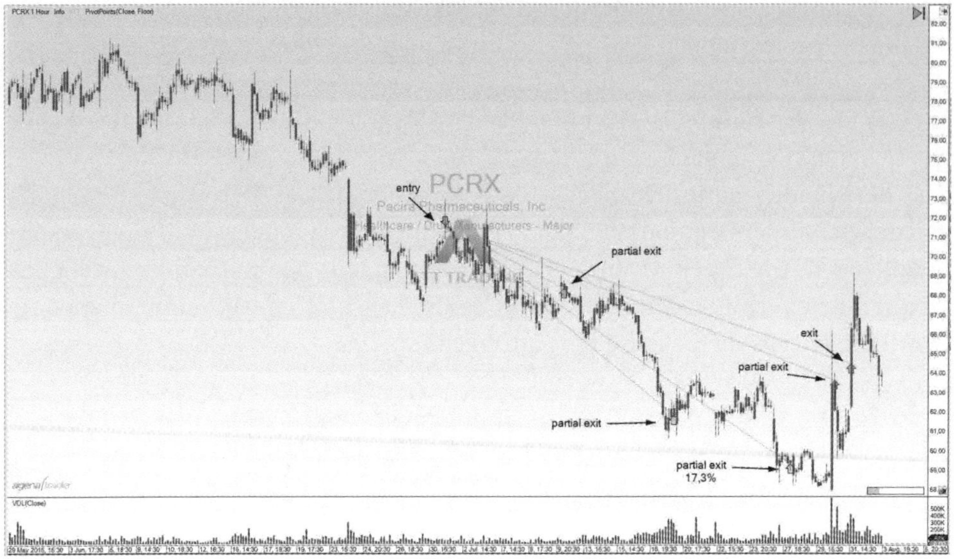

Abbildung 71: Short-Trade mit Teilverkäufen

Auch in diesem in Abbildung 71 gezeigten Beispiel-Trade wurde durch eine saubere Trade-Verwaltung eine sehr große Bewegung mitgenommen. In diesem Fall wurde die Aktie PCRX short gehandelt und dabei wurde die komplette Bewegung von ca. 18 Prozent nach unten mitgenommen.

Abbildung 72: Short-Trade mit Teilverkäufen und Wiederaufbau der Position

In Abbildung 72 sieht ist ein Short-Trade im Dax dargestellt, wobei der Händler durch eine professionelle Trade-Verwaltung über 900 Punkte mitnehmen konnte. Dies ist zugleich ein gutes Beispiel, um zu verdeutlichen, wie wichtig eine genaue Trade-Verwaltung ist. Wer hier nach 50 Punkten den Gewinn mitgenommen hätte, hätte sich danach sehr geärgert. Auch hier muss nicht erwähnt werden, dass der Händler natürlich nicht wusste, dass der Dax eine so starke Bewegung vollziehen würde. Genau deshalb hat er zwischendurch immer wieder Teilverkäufe vollzogen. Gleichzeitig wurde hier der Stop geteilt und auf unterschiedlichen Trendgrößen verwaltet. Zum Zeitpunkt des Screenshots erkennt man 2 Linien im Chart, die jeweils die beiden Stops anzeigen.

3 Gaps

Der Begriff »Gap« ist die englische Bezeichnung für eine Lücke. Er steht im Börsenhandel für eine sogenannte Kurslücke oder einen Kurssprung. Jeder Wert, der an der Börse gehandelt wird, unterliegt einem festgelegten Tick-Abstand. Dieser beschreibt den Abstand zwischen zwei Kursnotierungen und gibt die Wertigkeit eines Ticks an.

Bei Werten, die sehr liquide sind und viel gehandelt werden, ist es normal, dass zu jedem Tick ein Kurs entsteht, dass es also jeweils zu einem Geschäft zwischen Käufer und Verkäufer kommt. Bei viel gehandelten Werten verlagert sich der Preis also in eine Richtung und lässt dabei so gut wie keinen möglichen Kurs aus.

Bei illiquiden Werten kommt es aber häufig aufgrund des fehlenden Angebots oder der fehlenden Nachfrage zu sogenannten Gaps. Hierbei werden Kurse oder auch Ticks zwischen dem einem Geschäft und dem nächsten ausgelassen. Kleinere Gaps von wenigen Ticks kommen im täglichen Handel ständig vor und sie werden Ihnen als Händler auch nicht immer auffallen. Größere Kurssprünge entstehen in der Regel durch einschneidende Nachrichten, durch mangelnde Marktteilnehmer im Intraday-Handel. Auch sind Gaps häufiger zwischen dem Schlusskurs des Vortages und dem Eröffnungskurs des darauffolgenden Tages.

Grundsätzlich sind Kurslücken nichts anderes als Bewegungen, die gar nicht auffällig wären, würde man die beiden an die Kurslücke angrenzenden Preise mit einer Linie verbinden, wie es ja im Tickchart der Fall ist. Wichtig ist für einen Händler, Gaps richtig in das Chartbild einzuordnen. Da wie erörtert Gaps nichts anderes als Bewegungen sind, ist für uns Trendhändler nur wichtig, ob ein solcher Gap Bestandteil einer Bewegung ist oder ob er zu einer Korrektur gehört. Entgegen der weitverbreiteten Meinung, ein Gap müsse geschlossen werden, ist den meisten Händlern nicht klar, wie Kurslücken in das Chartbild einzuordnen sind. So können Gaps sich natürlich wieder schließen, sind aber in der Regel dann nichts weiter als die nächste Bewegung eines Trends oder eben die Korrektur desselben.

Sollte sich ein Gap innerhalb eines Trends aus der Korrektur in Trendrichtung bilden und den nächsten Punkt 2 durchlaufen, so ist die Wahrscheinlichkeit hoch, dass diese Bewegung wieder korrigiert wird. Hierbei kann natürlich auch der Gap geschlossen werden, das ist dann aber ausschließlich davon abhängig, wie weit die Korrektur verläuft. Hierbei stellt der Gap die Bewegung des Trends dar und die oft darauffolgende Gegenbewegung die Korrektur, was oftmals als Gap-Close fehlinterpretiert wird.

Ebenso wie sich ein Gap in Trendrichtung bilden kann, kann eine Kurslücke auch entgegen der Trendrichtung auftreten. Hierbei stellt diese Kurslücke oftmals die Korrektur der letzten Bewegung des Trends dar. Auch hier lässt oft die Gegenbewegung nicht lange auf sich warten, denn wir als Trendhändler wissen: Wenn sich der Trend fortsetzt, kommt nach der Korrektur als nächstes wieder eine Bewegung. Dass damit wieder automatisch ein Gap-Close verbunden ist, liegt auf der Hand.

Wichtig ist zu verstehen, dass Gaps in der Regel in außerordentlichen Situationen auftreten oder die Reaktion auf außerordentliche Ereignisse oder Ergebnisse am nächsten Handelstag sind. Dabei sollte jeder Händler einschätzen können, welche Bedeutung eine Kurslücke im aktuell betrachteten Chart hat. Gaps, die nicht Teil der aktuellen Situation sind, werden in der Regel vernachlässigt.

Sollte ein Händler in einem Wert investiert sein und sollte dieser nach Markteröffnung in seine Handelsrichtung mit einer Kurslücke eröffnen, so empfiehlt es sich unbedingt, als nächstes einen Teilverkauf durchzuführen oder einen sehr engen Teilverkauf-Stop zu setzen, da der Wert nach der Markteröffnung auch schnell wieder in die entgegengesetzte Richtung drehen kann. Aus diesem Grund ist es vom Vorteil, schon gleich zur Markteröffnung in die gehandelten Werte eingreifen zu können. Wie sich Gaps im Chart darstellen, zeigen die Abbildungen 73 und 74.

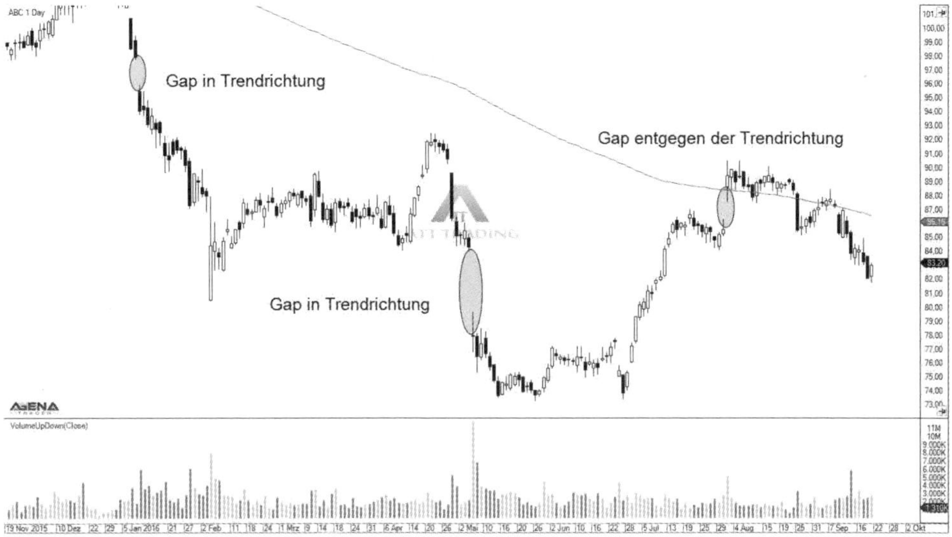

Abbildung 73: Gaps

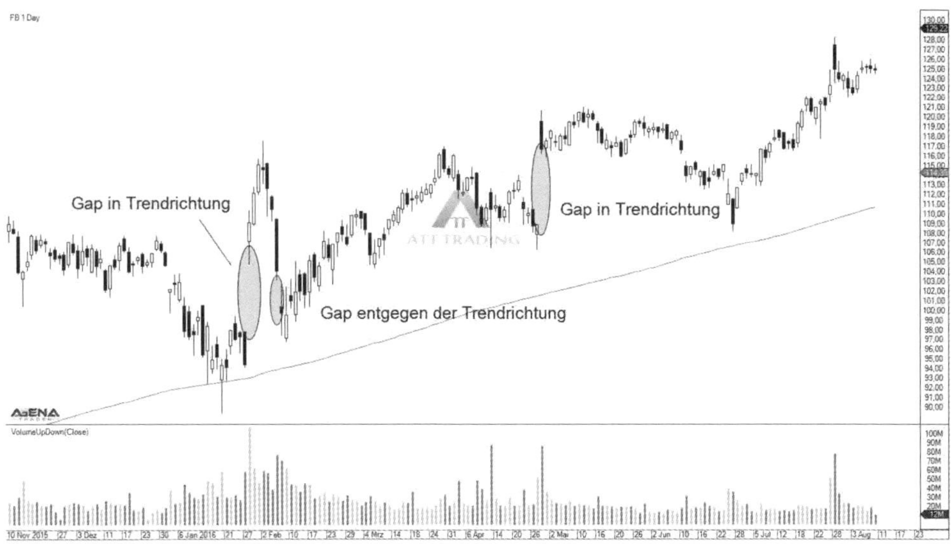

Abbildung 74: Gaps

4 Pyramidisieren

Bis zu dieser Stelle wurden in diesem Kapitel ausschließlich die Vorbereitung und Durchführung eines Positions-Abbaus nach dem Trade-Einstieg beschrieben. Ebenso, wie es sinnvoll ist, Positionen abzubauen, gibt es Möglichkeiten, um Positionen an bestimmten Stellen wieder aufzubauen. Diese Technik ist eine sehr fortgeschrittene Technik, welche viel Erfahrung erfordert, aber dazu beiträgt, das eigenen Trading so weit wie möglich zu optimieren und wirklich alles aus einer Position herauszuholen.

Zuallererst die goldene Regel des Pyramidisierens: Eine Position wird ausschließlich aus dem Gewinn aufgebaut beziehungsweise wieder aufgebaut. Viele Anfänger machen den Fehler, Positionen im Verlust weiter aufzubauen, um so einen besseren Durchschnitts-Einstiegskurs zu erhalten. Diese Herangehensweise ist sehr gefährlich, da dadurch das initiale Risiko erhöht wird. Das Pyramidisieren im Verlust findet im professionellen Trading keine Anwendung und ist als Anfängerfehler zu betrachten, der oftmals zu regelrechten Löchern in der Performance-Kurve führt. Grundsätzlich kann das Pyramidisieren dazu genutzt werden, eine Position aufzubauen beziehungsweise wieder aufzubauen. Wie schon erwähnt, ist das Wichtigste dabei der Aufbau aus den schon erwirtschafteten Gewinnen des laufenden Trades. Dabei ist es egal, ob diese Gewinne nur mit dem Stop abgesichert sind oder bereits realisiert wurden.

Die normale Herangehensweise sieht vor, dass der Händler von den abgesicherten oder realisierten Gewinnen des Trades, der aufgebaut werden soll, einen Teil wieder einsetzt. Die neue Positionsgröße kann so gewählt werden, dass wenn der Trade ausgestoppt wird, zum Beispiel nur noch ein Viertel oder ein Drittel der schon abgesicherten Gewinne wieder auf dem Spiel stehen. Diese Art des Aufbaus ist vor allem deshalb sinnvoll, weil so die schon erwirtschafteten Gewinne zum größten Teil nicht mehr abgegeben werden. Trotzdem ist es durchaus möglich, auch mehr zu riskieren oder sogar den gesamten Gewinn eines Trades erneut einzusetzen, sofern das initiale Risiko dadurch nicht erhöht wird. Man spricht hierbei auch von einer umgekehrten Pyramide.

Wann und wie ist Pyramidisieren sinnvoll? Hier gibt es zwei unterschiedliche Herangehensweisen. Bei der ersten kann jede Position bei jedem neuen Signal des laufenden Trades weiter aufgebaut werden. Das heißt, sollte sich wieder ein Punkt 2 ausbilden oder ein Einstieg aus der Korrektur möglich sein, kann der Händler wieder einsteigen und so seinen schon laufenden Trade aufbauen. Hierbei ist nur die genaue Kalkulation des neuen Risikos mit den schon erwirtschafteten Gewinnen zu beachten. Der Stop der neu aufgebauten Position ist dabei immer identisch mit dem der schon laufenden Position; er liegt immer dort, wo unser Trend gebrochen wäre. Natürlich ist der Aufbau mit einem neuen Signal vor allem beim Einstieg aus der Korrektur sinnvoll, also dann, wenn der Markt dem ersten Stop sehr nahekommt. So gibt es in vielen Situationen die Möglichkeit, die Position mit einem sehr geringen Risiko aufzubauen.

Die zweite Art des Pyramidisierens bezieht sich auf einen Trade, der schon durch den Punkt 2 unseres übergeordneten Trends verlaufen ist und in dem der Händler schon den größten Teil seiner Position geschlossen hat. Er weiß, dass dieses Stück, also die nächste Bewegung unseres übergeordneten Trends, genau das ist, was er von seinem Trade als Gewinn erwartet. Denn dieser wird untergeordnet auf einer kleineren Trendgröße verwaltet. Daher ist es wahrscheinlich, dass der übergeordnete Trend irgendwann korrigiert und dass sein Trade damit ausgestoppt wird. In dieser Situation hat er ebenso die Möglichkeit, seinen Stop zu teilen. Hierbei zieht er aber nicht wie bei Teilverkäufen die Abspaltung von seinem normalen Stop noch enger an den Markt, sondern er versetzt diesen zurück auf den letzten Punkt 3 unseres übergeordneten Trends. Des Weiteren wird der normale Stop irgendwann mit der Korrektur des übergeordneten Trends und der Trendumkehr untergeordnet ausgestoppt, wobei der abgespaltene Teil dann auf der übergeordneten Trendgröße bestehen bleibt. Hier kommt zu der bereits genannten goldenen Regel noch eine weitere dazu. Bei dieser Methode ist unbedingt zu beachten, dass diese Aktion ausschließlich mit einer kleinen Restposition durchgeführt wird.

Bis hierhin wurde nur ein Teil-Stop abgespalten und dieser wurde auf die übergeordnete Trendgröße zurückversetzt. Nun geht es darum, diese Restposition wieder aufzubauen.

Da der Händler den Teil-Stop zurückversetzt hat und diesen nun auf der übergeordneten Trendgröße ebenso per Trend verwaltet, hat sich der Zeithorizont entsprechend ausgeweitet. Sollte diese Trendgröße nun korrigieren und dem Händler dann wieder weit in der Korrektur einen schönen Einstieg auf der untergeordneten Trendgröße ermöglichen, kann hier ein komplett neuer Trade eröffnet werden. Dieser wird ganz normal verwaltet und richtet sich zunächst ebenso darauf aus, das erste Ziel, also den nächsten Punkt 2 des übergeordneten Trends zu erreichen. Der abgespaltene Stop der ersten Position bleibt weiterhin auf der übergeordneten Trendgröße und auf dem dazugehörigen letzten Punkt 3 liegen. Sollte der Händler mit der neuen Position ebenfalls weit über das neue erste Ziel des übergeordneten Trends hinaus gekommen sein und sollte auch hier wieder eine Restposition weiterhin laufen, ist es nun an der Zeit, den Stop wieder zu teilen und ihn mit dem ersten abgespaltenen Stop zu vereinigen. Dabei legt man beide Stops auf den neu entstandenen Punkt 3 des übergeordneten Trends. Hierbei wird der erste abgespaltene Stop dahin nachgezogen und der zweite von der aktuellen Position dorthin zurückversetzt.

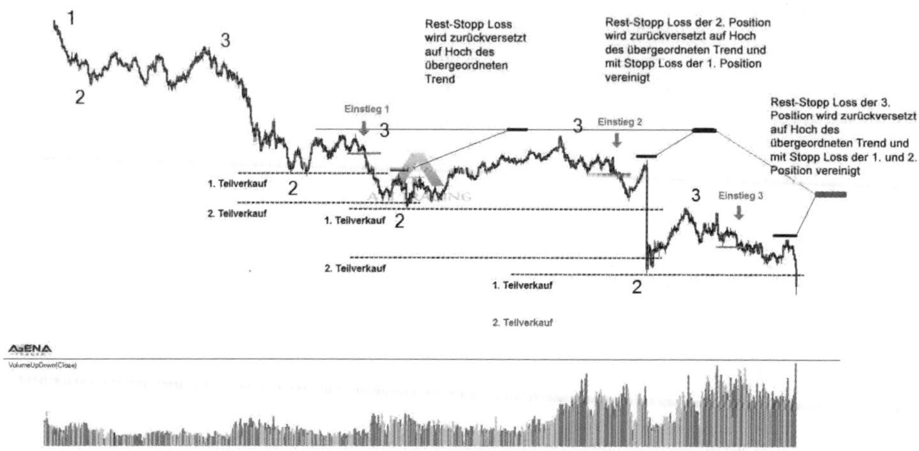

Abbildung 75: Pyramidisieren – Einstiegsmöglichkeiten beim langfristigen Positionsaufbau

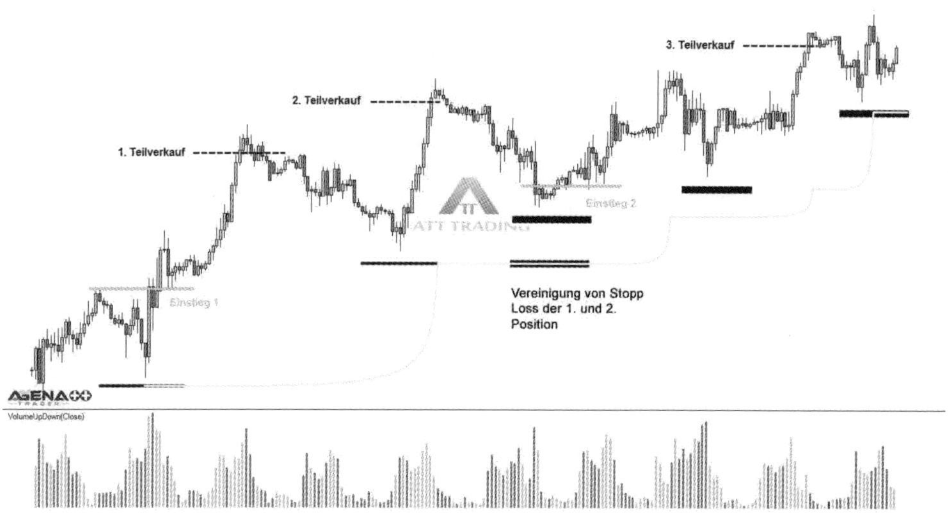

Abbildung 76: Pyramidisieren – Durchführungsmöglichkeiten beim kurzfristigen Positionsaufbau

Dieser Wiederaufbau einer Position (siehe Abbildungen 75 und 76) hat den Sinn, immer wieder das Maximum aus der aktuellen Bewegung herauszuholen und mit den Restpositionen noch länger mit dem übergeordneten Trend mitzuschwimmen. Dieses Vorgehen ist ebenso wie die zuerst geschilderte Möglichkeit des Pyramidisierens auf jeder beliebigen Trendgröße möglich, erfordert aber in der Umsetzung vom Händler äußerste Sorgfalt und größte Übung.

XII

KAPITEL 12: RISIKO- UND MONEY-MANAGEMENT

Beim Trading gibt es drei elementare Bausteine, die jeder Händler erlernen muss, um dauerhaft erfolgreich an der Börse zu agieren: die Logik des Trendhandels, das Risiko-Management und die Handelspsychologie.

In diesem Kapitel wollen wir uns nun mit dem Thema Risiko-Management ausführlich beschäftigen. Ein Trader sollte sich von Anfang an klarmachen, dass jeder Trade egal, wie gut er ist und wie viel Erfahrung er bereits an der Börse gesammelt hat trotzdem immer ein Risikogeschäft ist.

Da mag ein Trend noch so gut aussehen oder der Gesamtmarkt aktuell in idealer Weise in die Richtung des Traders laufen – trotzdem kann jeder Trade theoretisch im Minus enden. Es gibt an der Börse keine 100-prozentige Sicherheit. Das Einzige, das an der Börse immer sicher ist: Es wird immer einen nächsten Handelstag geben.

Unter den genannten Aspekten ist das persönliche Risiko-Management (RM) eines Händlers sehr wichtig, denn ein perfektes Risiko-Management hat massiven Einfluss auf die persönliche Performance. Er kann in guten Marktphasen mit einem durchdachten RM seine Equity-Kurve nach oben drücken und in schlechten Marktphasen dafür sorgen, dass seine Performance nicht sinkt. Wie ein Händler das schafft, werden wir in diesem Kapitel erläutern. Vorab sei schon einmal gesagt, dass jeder Händler das perfekte Risiko-Management für sich persönlich herausfinden muss. Es gibt hier keine 08/15-Formel, die man stupide anwenden könnte. Genauso wie ein Handelsstil ist auch das RM etwas Individuelles, das jeder Händler für sich persönlich festlegen muss.

1 Einzelpositionsrisiko

Bei jedem Trade muss ein Händler eine bestimmte Summe riskieren. Aber wie viel? Diese entscheidende Frage kann man nicht einfach mit einer konkreten Zahl beantworten, denn der Händler sollte sich mit dem Risiko, das er eingeht, unbedingt wohlfühlen. Bereits bei diesem allerersten Punkt kann ein Händler sehr individuell entscheiden.

In vielen Trading-Büchern liest man, dass ein Trader pro Trade etwa ein Prozent seines Kapitals riskieren sollte. Nun, angenommen ein Trader will diesen Rat beherzigen. Auf seinem Konto befinden sich 10.000 Euro und er riskiert dementsprechend bei seinem nächsten Trade 100 Euro. Doch bereits unmittelbar nach dem Einstieg fühlt sich der Händler nicht wohl mit diesem Risiko. Ihm gehen die verschiedensten Gedanken durch den Kopf: dass 100 Euro doch sehr viel Geld sind und dass er bei gerade zwei Minus-Trades bereits 200 Euro verloren hat. Demzufolge sitzt der Händler sehr nervös vor seiner Position und beobachtet jeden Tick im Markt. Sollte dies der Fall sein, sind ein Prozent beziehungsweise 100 Euro definitiv ein zu hohes Risiko für diesen Händler. In diesem Beispiel sollte er sein Risiko reduzieren und beim nächsten Trade mit 0,5 Prozent arbeiten, was bei einer Kontogröße von 10.000 Euro folglich 50 Euro Risiko wären. Wenn der Händler nun feststellt, dass er plötzlich viel entspannter ist, dann hat er nun ein Risiko gefunden, das viel besser zu ihm persönlich passt. Das Einzelpositionsrisiko muss jeder Trader für sich persönlich festlegen. Es sollte in der Regel irgendwo zwischen 0,1 und 1,0 Prozent des Handelskontos liegen. 0,5 Prozent ist ein guter Mittelwert, den jeder Trader am Anfang als Orientierung ausprobieren kann.

2 Dynamisches Risiko

Wenn ein Händler sein persönliches Risiko gefunden hat, mit dem er sich wohlfühlt, ist es sinnvoll, diesen prozentualen Wert beizubehalten. Dies bedeutet, wenn das Konto des Traders wächst, riskiert er zwar prozentual denselben Anteil, aber der Geldbetrag wird höher.

Beispiel: Ein Trader handelt mit einem 10.000-Euro-Konto und riskiert 0,7 Prozent pro Trade. Dies entspricht am Anfang einem reinen Geldbetrag von 70 Euro.

Wenn sein Konto jetzt auf 15.000 Euro anwachsen würde, dann würde er bei einem Risiko von 0,7 Prozent nicht mehr 70, sondern 105 Euro riskieren.

Kontogröße	**Risiko pro Trade in %**	**Risiko pro Trade in Euro**
10.000	0,7	70
12.000	0,7	84
15.000	0,7	105
20.000	0,7	140
25.000	0,7	175
30.000	0,7	210
40.000	0,7	280

Abbildung 77: Risiko und Kontogröße

Die Tabelle (Abbildung 77) veranschaulicht, wie das Risiko in Euro bei einem steigenden Konto wächst, obwohl der Händler prozentual immer denselben Anteil riskiert. Auf diese einfache Weise kann ein Trader sein Konto langsam nach oben traden, ohne dabei allzu große Risiken einzugehen.

Das Rechenbeispiel ist nichts anderes als der Zinseszinseffekt, den es leider seit der Finanzkrise auf den Sparbüchern aufgrund der Nullzinspolitik der Notenbanken nicht mehr gibt. Aber im Trading gibt es diesen Effekt noch, und selbst wenn ein Händler mit einem kleinen Konto startet, sollte er nicht den Fehler machen zu glauben, er könne sein kleines Konto nur nach oben handeln, indem er große Risiken eingeht. Er muss lediglich darauf achten, sein Risiko immer an seine Kontogröße anzupassen und nicht ständig nur denselben Geldbetrag zu riskieren. Das dynamische Risiko wird dem Trader helfen, sein Konto in guten Phasen weiter nach oben zu schrauben, und es dient genauso als Risikobremse, wenn es für den Händler einmal nicht so gut läuft. Sollte sich die Equity-Kurve, also die Entwicklung der Kontogröße, nach unten bewegen, dann wird der Geldbetrag entsprechend kleiner werden, den der Trader riskiert. In unserem Beispiel würde der Händler bei einem Kontostand von 8.000 Euro nicht mehr 70, sondern nur noch 56 Euro riskieren, wenn er sein Risiko bei 0,7 Prozent belässt.

3 Mythos Drawdown

Ein Wort, bei dem es wahrscheinlich jedem Trader kalt den Rücken herunterläuft, ist der Begriff Drawdown. Er bezeichnet nichts anderes als eine Phase, in der die Equity-Kurve, also der Kontostand eines Händlers, kontinuierlich sinkt.

Obwohl um diesen Begriff in der Trading-Welt verschiedene Mythen kursieren, haben professionelle Händler so gut wie keinen Drawdown. Die besten Trader der Welt sitzen in den Handelsräumen der amerikanischen Großbank JP Morgan, und diese Händler haben pro Quartal (ca. 60 Handelstage) zwei Minustage. Und diese Trader müssen ganz andere Summen in den Markt setzen als ein privater Trader. Wir reden hier von zwei- bis dreistelligen Millionensummen. Mit solchen Summen zu handeln, ist definitiv schwieriger. Ein Händler muss hier bereits aufpassen, wenn er in irgendeinen Wert mit einer Market-Order einsteigt, da die Gefahr sehr groß ist, dass sein Trade sehr viel schlechter ausgeführt wird als erwartet. Zugleich ist die mentale Belastung eine ganz andere.

Gerade wenn es um Vermögensverwaltung geht, kann sich ein Händler keinen Drawdown leisten. Jeder Leser dieses Buches kann sich ja einmal ganz ehrlich die Frage stellen, ob er einem Vermögensverwalter Geld anvertrauen würde, der ihm sagt, er habe zwischendurch auch einmal ein Drawdown von 20 Prozent. Die meisten Kunden würden wahrscheinlich schon bei 5 bis 10 Prozent ihre Gelder abziehen und das Weite suchen.

Die Rechnung ist ganz einfach: Wenn ein Trader in einer Vermögensverwaltung für einen Kunden 100.000 Euro verwaltet und tatsächlich 20 Prozent verliert, stünde das Konto nur noch bei 80.000 Euro. Um das Kontoguthaben wieder auf den Einstandswert anzuheben, müsste dieser Trader 25 Prozent Gewinn erwirtschaften (20.000/80.000 Euro = 25 Prozent Gewinn). Dies ist eine gewaltige Herausforderung und geht einher mit einem enormen mentalen Druck für den Trader. Er müsste rein theoretisch das Risiko hochfahren und könnte dabei sehr schnell in einen Teufelskreis geraten, in dem die Verluste immer höher werden. Aber die meisten Kunden würden es niemals so weit kommen lassen und ihre Gelder schon viel früher wieder abziehen. Professionelle Händler können sich also keinen Drawdown leisten.

Bei einem privaten Trader sieht die Rechnung genauso aus. Je größer der Drawdown wird, desto mehr Rendite muss der Trader erwirtschaften, um den Verlust wieder hereinzuholen. Und auch hier wird der mentale Druck umso größer, je weiter das Konto ins Minus rutscht. Natürlich wird ein Trader anfangs immer wieder Phasen haben, in denen die Equity-Kurve leicht sinkt, aber ein großes Ziel, das sich jeder Trader stecken sollte, liegt darin, den Drawdown langfristig zu eliminieren, so dass die Equity-Kurve in schlechten Phasen maximal seitwärts verläuft, aber niemals nach unten.

Um einen Drawdown zu verhindern, muss das persönliche Risiko-Management eines Händlers perfekt funktionieren. Zusätzlich zum dynamischen Risiko, mit dem das Risiko in schlechten Zeiten bereits abgebremst wird, kann ein Händler auch nach zwei Minus-Trades sein Risiko drastisch herabsetzten. Wenn er also wie im obigen Beispiel bei einer Kontogröße von 10.000 Euro 70 Euro riskiert, dann könnte dieser Händler nach zwei Minus-Trades in Folge sein Risiko beim nächsten Trade auf etwa 40 oder 50 Euro herabsetzen. Dies ist eine zusätzliche Risiko-Bremse für das Konto, denn wenn ein Trader zwei Minus-Trades hintereinander macht, sollte er erst einmal einen Gang zurückschalten. Es könnte sich vielleicht irgendein Fehler eingeschlichen haben, der dem Trader nicht auf Anhieb bewusst wird, zum Beispiel eine unerkannte Seitwärtsphase an den Märkten oder unerwartete, nachrichtengetriebene Marktentwicklungen (politische Börsen).

Anstatt dann mit dem Kopf durch die Wand zu wollen, sollte der betreffende Händler erst einmal das Risiko herunterschrauben. Wenn dann der nächste Trade wieder im Plus liegt, dann kann er sein Risiko wieder auf den normalen Betrag hochfahren, in diesem Beispiel 70 Euro. Auf keinen Fall sollte ein Händler sein Risiko hochfahren, wenn die letzten Trades im Minus endeten, denn genau so entstehen Drawdown-Phasen bei Anfängern: Sie kommen zustande, weil diese ihre Verluste möglichst schnell wieder aufholen wollen. Wie ein Händler in solchen Situationen die Nerven behält, wird ausführlich im letzten Kapitel dieses Buches besprochen.

4 Gesamtpositionsrisiko

Ein aktiver Trader, der einen diversifizierten Handelsansatz verfolgt, wird vergleichsweise häufig erleben, dass er nicht nur eine Chance am Tag bekommt, sondern direkt mehrere Möglichkeiten zum Handeln wahrnehmen könnte. Deswegen ist es sehr wichtig, dass sich ein Händler nicht nur Gedanken über sein Einzelpositionsrisiko macht, sondern auch darüber, wie viel Risiko er mit all seinen Positionen maximal eingehen will. Ansonsten kann es schnell passieren, dass ein Trader mehrere Trades gleichzeitig eröffnet und plötzlich mit allen Positionen mit Minus ausgestoppt wird. Dies kann ein ziemlich großes Loch in das eigene Trading-Konto reißen, und das gilt es unbedingt zu verhindern.

Am Anfang ist zu empfehlen, nur sehr wenige Positionen gleichzeitig zu eröffnen. Erst wenn diese aus dem Risiko gestiegen sind, werden die nächsten Trades eröffnet. Eine Position ist dann aus dem Risiko, wenn der Stop nachgezogen wurde oder wenn schon Teilverkäufe mit Gewinn durchgeführt wurden und somit kein Verlust mehr entstehen kann.

ATT empfiehlt seinen Schülern immer, zu Anfang maximal zwei Trades gleichzeitig zu eröffnen. Erst wenn ein Trade aus dem Risiko ist, kann der Händler den nächsten Trade eröffnen. Mit dieser Herangehensweise ist das Gesamtpositionsrisiko immer sehr klein, da sich zu jeder Zeit maximal zwei Trades im Risiko befinden. Auf diese Weise kann es zwar trotzdem sehr schnell passieren, dass ein Händler 10 bis 20 Trades gleichzeitig laufen lässt. Aber trotzdem ist das Risiko sehr klein, da sich immer nur zwei dieser Trades im Risiko befinden. Sollte der Gesamtmarkt sich einmal stark drehen, was jederzeit schnell passieren kann, dann braucht sich dieser Händler keine großen Sorgen zu machen, plötzlich hohe Verluste zu erleiden.

Wenn ein Trader allerdings deutlich mehr Trades gleichzeitig im Risiko hat, dann können entsprechend auch die Verluste höher ausfallen, wenn er mit all seinen Positionen ausgestoppt wird. Erfahrene Händler können und werden auch mit mehr Positionen gleichzeitig ins Risiko gehen. Aber auch ein erfahrener Händler weiß genau, mit wie vielen Positionen er gleichzeitig ins Risiko gehen kann.

5 Risikokapital

Um seine Performance in guten Phasen noch weiter zu steigern, kann ein Händler auch hin und wieder bei sehr guten Setups ein höheres Risiko eingehen und einen Teil der Gewinne riskieren, die er im Vorfeld erwirtschaftet hat.

Beispiel: Ein Trader besitzt ein 10.000-Euro-Konto und handelt mit einem Risiko von 0,7 Prozent, also anfänglich mit 70 Euro pro Trade. Wenn er sein Konto auf 12.000 Euro hochgehandelt hat, dürfte er bei 0,7 Prozent Risiko 84 Euro pro Trade riskieren. Da er sich aber schon ein Gewinn-Polster erarbeitet hat, könnte er bei einem sehr guten Setup zum Beispiel statt 84 Euro 120 bis 150 Euro riskieren. Er würde also ein deutlich höheres Risiko eingehen als normalerweise, aber er könnte sich dies erlauben, da er ja mit seinem Konto schon 20 Prozent im Plus ist. Auf diese Weise kann er seinem Konto einen zusätzlichen Schub geben. Er handelt aus dem Gewinn heraus. Diese Technik darf auf keinen Fall angewendet werden, wenn sich das Konto im Minus befindet, da ansonsten die Gefahr sehr groß ist, dass der Verlust immer größer wird.

Wenn der Händler, wie in diesem Beispiel, diese Technik ein- bis zweimal anwendet und die Trades im Minus enden, dann sollte er sein Risiko sofort wieder auf die normale Größe reduzieren, um nicht noch mehr Gewinne abzugeben. Ein Trader sollte immer nur einen Teil seiner Gewinne riskieren, aber natürlich ist es sehr wichtig, die bereits erzielten Gewinne auch zu halten. Deswegen handelt es sich dabei auch um eine fortgeschrittene Technik, die ein Anfänger zu Beginn nicht anwenden sollte.

Um alle Punkte des Risiko-Managements, die in diesem Kapitel vorgestellt wurden, zu beachten, ist sehr viel Disziplin erforderlich. Deswegen ist es sehr wichtig, dass jeder Händler sein persönliches Risiko-Management in seinem Trading-Plan ausarbeitet und sich auch daran hält.

In diesem Kapitel sind Vorschläge zum Risiko-Management gemacht worden. Am Anfang ist es sinnvoll, möglichst konservativ zu handeln mit wenig Risiko. Aber nach einer Weile muss jeder Händler für sich persönlich sein eigenes Risiko-Management ausarbeiten, mit dem er sich persönlich wohlfühlt. Genau das wird zum Erfolg führen. Das eigene Risiko-Management gehört zum Trading-Stil eines Händlers, und um einen solchen eigenen Stil zu entwickeln, muss ein Trader viel Erfahrung an den Märkten sammeln.

XIII

KAPITEL 13: HANDELSPSYCHOLOGIE/ BEHAVIORAL FINANCE

Der eine oder andere Leser dieses Buches wird sich bestimmt schon mit den Bereichen Chartanalyse und Risiko-Management beschäftigt haben. Vielleicht wird er trotzdem feststellen, dass er noch nicht zum erfolgreichen Trader geworden ist. Diese beiden Bereiche sind zwar wichtig, aber sie sind nicht der entscheidende Faktor im Hinblick darauf, ob man erfolgreich tradet oder nicht. Mit anderen Worten: Sie können der beste Charttechniker der Welt sein und ein perfektes Risiko-Management betreiben – wenn es denn ein perfektes überhaupt gibt – und trotzdem könnten Sie im Trading scheitern.

Der wichtigste Faktor im Trading, der letzten Endes die Gewinner von den Verlierern unterscheidet, ist die mentale Stärke eines Traders. Trading wird in erster Linie im Kopf entschieden, und der härteste Gegner, der Ihnen je im Trading gegenüberstehen wird, werden Sie selbst sein. 80 Prozent des Tradings sind reine Psychologie und die restlichen 20 Prozent sind eine fachliche Analyse und ein vernünftiges Risiko-Management.

Wir werden uns in diesem nächsten großen Abschnitt des vorliegenden Buches intensiv mit der Psychologie des Tradings auseinandersetzen. Hierbei werden wir zunächst die Theorie der Behavioral Finance beleuchten, die deutlich macht, warum so viele Marktteilnehmer immer wieder ein äußerst irrationelles Verhalten an den Tag legen.

Wir werden uns weiterhin mit allen möglichen Fehlern beschäftigen, die jeder Trading-Anfänger am Anfang macht und wir werden Ihnen zeigen, mit welchen mentalen Techniken Sie all diese Fehler verhindern und Ihr Trading somit Tag für Tag verbessern können.

»Ich kann zwar die Bahn der Gestirne auf Zentimeter und Sekunden berechnen, aber nicht, wohin eine verrückte Menge einen Börsenkurs treiben kann.«
Isaac Newton

Bereits Newton erkannte, dass es an der Börse nicht immer rational zugeht. Zum Beispiel konnte der Nasdaq-100-Index von Ende 1998 bis Anfang 2000 einen Anstieg von ca. 1.500 Indexpunkten auf über 4.500 verbuchen, was einem Zuwachs von über 200 Prozent entspricht (siehe Abbildung 78).

Abbildung 78: Dotcom-Blase im Nasdaq-Chart

Bei Banken, Analysten, Medien und Anlegern entstand eine Welle der Euphorie in Bezug auf Internet-Unternehmen. Doch schon Anfang des Jahres 2000 wurde aus dieser Euphorie sehr schnell Panik und es fand ein regelrechter Abverkauf bei Aktien statt. Der Nasdaq befand sich schon Mitte 2001 wieder bei 1.500 Punkten.

Schon unmittelbar, nachdem der Neue Markt zusammengebrochen war, entstand gleichwohl die nächste Spekulationsblase. Diesmal standen allerdings nicht Internet-Unternehmen im Mittelpunkt, sondern amerikanische Immobilien bzw. Kreditderivate. Diese neue Blase platzte erst im Jahre 2008, ein Jahr, das bis dato sicherlich als das turbulenteste der Finanzmärkte in die Geschichte eingegangen ist. Insgesamt mussten in diesem Jahr 83 Banken weltweit Insolvenz anmelden oder sie wurden übernommen bzw. mussten verstaatlicht werden. Allein in Deutschland wurden vom Staat etwa 580 Milliarden Euro als Hilfen oder Bürgschaften für die Banken zur Verfügung gestellt. Weitere 100 Milliarden Euro sollten Privatunternehmen unterstützen, und zwei Konjunkturprogramme mit einem Volumen von 81 Milliarden Euro stellte der deutsche Staat zur Verfügung, um der größten Finanzkrise aller Zeiten entgegenzuwirken. Auch in den anderen Ländern zeigte sich ein ähnliches Bild. In den USA gingen im Jahre 2008 immerhin 52 Banken pleite oder benötigten Hilfe vom Staat, und insgesamt verschwanden 60 Prozent der großen amerikanischen Investmentbanken vom Markt. In Großbritannien mussten 12 Finanzinstitute Insolvenz anmelden oder wurden verstaatlicht. In Island gehören seit 2008 alle Geldinstitute dem Staat.

Viele Länder haben Zahlungsprobleme und stecken bis zum Hals in Schulden. Weltweit wurden für die Banken Rettungspakete mit einem Volumen von mehr als 4 Billionen Euro zur Verfügung gestellt, damit es nicht zu einer noch größeren Bankenkatastrophe kommt. Allerdings sollte das Jahr 2008 nicht nur das Jahr des großen Bankensterbens sein, sondern es sollte im Herbst auch noch zum schlimmsten Börsencrash aller Zeiten kommen. In der Woche vom 6. Oktober 2008 brachen die Börsenkurse weltweit um 18,2 Prozent zusammen. Sogar in der Woche des berühmten Black Friday im Jahr 1929 war es nicht zu solchen Kursverlusten gekommen.

Ein völlig irrationales Verhalten von sämtlichen Marktakteuren trat hier zutage, wobei mit diesem Begriff nicht nur Banken und Anleger gemeint sind, sondern auch Aufsichtsbehörden, Ratingagenturen und Politiker. Von informationseffizienten Märkten konnte nicht mehr die Rede sein, da die entsprechenden Markt-Akteure die Risiken, die durch neue Finanzprodukte entstanden sind, nicht erkannten oder teilweise womöglich auch nicht erkennen wollten.

Die Märkte konnten sich seit dem Jahr 2008 nur kurz erholen, denn schon im Jahr 2011 kam es zu einem erneuten Abverkauf auf dem Aktien- bzw. auf dem Anleihemarkt. Im Herbst 2011 brach der Deutsche Aktienindex Dax in nur wenigen Wochen um ca. 30 Prozent ein. Diesmal waren Anleger aufgrund der europäischen Schuldenkrise in Panik geraten. Drei Börsen-Crashs binnen elf Jahren lassen mehr und mehr an der Effizienz der Märkte und der Rationalität der Anleger zweifeln. All das führt letztendlich dazu, dass die Finanzwelt sich immer mehr mit dem Thema »Behavioral Finance« auseinandersetzt.

Die Theorie der Behavioral Finance beschäftigt sich damit, wie die menschliche Psychologie die Finanzmärkte beeinflusst. Dieser Ansatz kritisiert vor allem die Theorie der effizienten Märkte und die Annahme, die Menschen würden stets rational handeln. Stattdessen haben menschliche Gefühle wie Euphorie, Angst,

Panik oder Gier einen wesentlichen Einfluss darauf, dass es zu immer mehr Spekulationsblasen und Crash-Zeiten kommt.

In den folgenden Kapiteln werden zunächst die wichtigsten Eckpunkte der Behavioral Finance vorgestellt. Dabei soll erläutert werden, warum es für Marktakteure schwierig ist, rationale Entscheidungen zu treffen. Weiterhin soll erläutert werden, warum es bei verschiedenen Anlageklassen häufig zu Über-und Unterreaktionen kommt und warum Informationen an den Märkten von Anlegern bzw. Tradern häufig verzerrt aufgenommen werden.

1 Theorie der kognitiven Dissonanz

Ein Anleger hat an den Finanzmärkten im wahrsten Sinne des Wortes die Qual der Wahl. Jeder Marktteilnehmer kann heutzutage sein Geld in so vielen verschiedenen Finanzprodukten aus ganz unterschiedlichen Anlageklassen anlegen, dass es für den Anleger keine einfache Entscheidung ist, die richtige Wahl zu treffen. Gleichzeitig ermöglicht das Internet heutzutage, dass sich jeder Anleger ohne Probleme sehr schnell zu allen Produkten Informationen besorgen kann.

Aber es kommt nicht gerade selten vor, dass sich ein Anleger, etwa wenn er sich für eine bestimmte Aktie entschieden hat, im Nachhinein fragt, ob er denn wirklich die richtige Entscheidung getroffen hat. Der Zwiespalt eines Anlegers wird dann noch größer, wenn er unmittelbar nach dem Erwerb der Aktie eine negative Unternehmensnachricht in den Medien entdeckt.

Dieses Phänomen lässt sich allerdings nicht nur an den Aktienmärkten beobachten, sondern auch an jedem beliebigen Tag im alltäglichen Leben. Man spricht hier von der Theorie der kognitiven Dissonanz. Man kauft z. B. ein Produkt und liest danach ein negatives Testurteil über dieses Produkt. Das negative Testurteil und die Entscheidung, das Produkt zu kaufen, sind dissonant zueinander, sprich, sie passen nicht zusammen.

Das Auftreten solcher kognitiver Dissonanzen ist keine einfache Situation für einen Anleger. Natürlicherweise will niemand im Zwiespalt zwischen den eigenen Überzeugungen und den eigenen Anlageentscheidungen leben. Daher kommt es häufig vor, dass ein Anleger sich seine Entscheidung schönredet und z. B. nur noch positive Unternehmensmeldungen über die von ihm gekaufte Aktie wahrnimmt. Er passt seine Wahrnehmung seiner Entscheidung an und fühlt sich somit besser. Ein Anleger strebt somit immer nach Harmonie und nach Dissonanzfreiheit bei seinen Anlageentscheidungen.

Die kognitive Dissonanz kann allerdings nur entstehen, wenn man die Entscheidung selbstständig und freiwillig getroffen hat. Ein Händler, der in einer Bank z. B. einen Kaufauftrag für eine bestimmte Aktie von seinem Vorgesetzten oder einem Kunden entgegennimmt, wird sich niemals mit der kognitiven Dissonanz auseinandersetzen müssen, da der Kauf nicht seine eigene Entscheidung war und ihn somit dieses Geschäft emotional auch nicht berührt. Wenn ein Anleger sich dagegen freiwillig und selbstständig für eine Anlage entscheidet, entsteht ein sogenanntes Commitment. Der Anleger ist emotional an seine Entscheidung gebunden.

Das Commitment und die daraus resultierende Dissonanz kann dabei ganz unterschiedlich ausgeprägt sein. Sie hängt von vier Faktoren ab:

- Entscheidungsfreiheit
- Verantwortung
- irreversible Kosten
- Normabweichung

Die **Entscheidungsfreiheit** wurde bereits erwähnt. Ohne die Freiheit, selbst zu entscheiden, wäre der Anleger nicht emotional gebunden und es gäbe kein Commitment bzw. keine Dissonanz.

Verantwortung kann zu einem höheren Commitment führen und zwar dann, wenn rückblickend erkennbar ist, dass man die entsprechende Entwicklung vorhergesehen hat. An den Finanzmärkten kommt es sicherlich häufiger vor, dass unterschiedliche Marktakteure für einen Misserfolg gerne das Marktumfeld verantwortlich machen. Also redet der Betreffende sich ein, dass der Kurs der jeweiligen Aktie nur gesunken ist, weil der gesamte Aktienmarkt geschwächelt hat. In dieser Situation übernimmt man für die eigene Entscheidung weniger Verantwortung. Zeigt der Aktienmarkt hingegen Stärke und hat der betreffende Händler seine Aktien unmittelbar vor einem Bullenmarkt gekauft, übernimmt er gerne die komplette Verantwortung für seine Entscheidung, weil er das Marktumfeld selbstverständlich korrekt vorausgesehen hat. Politische Entscheidungen können ebenfalls eine große Rolle bei der Entwicklung des gesamten Marktes spielen, wie man z. B. sehr gut im Herbst 2011 erkennen konnte, als sich die Anleger mehr für diverse EU-Gipfeltreffen interessierten als für Unternehmensnachrichten. Auch bei solchen politischen Börsen übernimmt der Anleger oder auch Fondsmanager nur dann die volle Verantwortung, wenn es für seine Anlage gut läuft.

Die **Normabweichung** kann ebenfalls zu einem erhöhten Commitment führen. Hierbei wird das Commitment höher, je stärker der Anleger von der Norm abweicht. In diesem Zusammenhang versteht man unter der Norm das, was die Mehrzahl der Marktakteure gerade macht. Auf dem Aktienmarkt war in den vergangenen zehn Jahren vor allem die Apple-Aktie stark gefragt und konnte von Anfang 2009 bis zum Sommer 2015 von $ 13,50 bis $ 135 zulegen. Dies entspricht ein Kursanstieg von ca. 900 Prozent. Wer als Anleger nun Apple-Aktien kauft, hat in diesem Fall keine Normabweichung, weil eine große Anzahl an Marktakteuren ebenfalls in diesem Zeitraum bei Apple eingestiegen ist. Das Commitment beim Kauf von Apple-Aktien wäre also sehr gering.

Ein sehr gutes Beispiel für eine extrem hohe Normabweichung, ist der Hedgefonds-Manager John Paulson, der im Jahre 2007 anfing, gegen den amerikanischen Immobilienmarkt zu spekulieren. In den Jahren zwischen 1996 und 2006 konnte der Häusermarkt in den USA eine Preissteigerung von 190 Prozent verzeichnen, wobei sich vor allem im Zeitraum zwischen 2001 bis 2006 die Preise für Immobilien in vielen amerikanischen Großstädten sogar mehr als verdoppelt haben.

Der Immobilienmarkt kannte in diesem Fall nur eine Richtung, und Paulson schlug mit seinem Hedgefonds genau die andere Richtung ein. Er wettete vor allem gegen die zu dieser Zeit sehr beliebten verbrieften Immobilienkredite. Da er sich komplett gegen den Markt stellte, hatte Paulson eine extrem hohe Normabweichung und somit ein sehr hohes Commitment. Er sollte mit seiner Entscheidung recht behalten. Sein Hedgefonds konnte durch den Zusammenbruch des amerikanischen Immobilienmarktes in den Krisenjahren 2007 und 2008 einen Gewinn von ca. 20 Milliarden US-Dollar einfahren. Paulson wurde durch diesen Geniestreich zu einem der bekanntesten und erfolgreichsten Hedgefonds-Manager der vergangenen Jahre.

Ein weiterer Faktor, der das Commitment und somit die Dissonanz des Anlegers erhöhen kann, sind die **Kosten**, die bei einer Geldanlage fällig werden. Hier geht es allerdings weniger um die Transaktionsgebühren, die z. B. bei jedem Kauf und Verkauf von Aktien fällig werden. Gemeint ist vielmehr vor allem der geistige Aufwand, den der Anleger in der Vergangenheit betrieben hat, bevor er in die entsprechende Anlage investierte. Der Anleger hat sich wahrscheinlich lange und intensiv mit seiner Anlage beschäftigt, hat mehrere Analysen durchgeführt und sich letztlich dafür entschieden, sein Geld z. B. in eine bestimmte Aktie zu investieren. Wenn diese Aktie nun in den folgenden Monaten einen Kursrückgang erleidet, sieht sich der Anleger nicht nur mit möglichen Verlusten konfrontiert. Vielmehr muss er befürchten, dass der ganze Zeitaufwand und die ganzen Analysen, die er im Vorfeld angefertigt hat, vergeblich waren. Je mehr Aufwand der Anleger betrieben hat, desto höher ist auch das Commitment und desto höher ist auch der psychische Preis, den er zahlen muss, wenn seine Anlage gegen ihn läuft. Diese Kosten lassen sich nicht mehr rückgängig machen, wobei natürlich auch der Verlust, der durch den Kursrückgang der Aktie entstanden ist, zu den Kosten zählt, sofern der Anleger bereit ist, seine Position glattzustellen. Verluste zu realisieren, darin besteht in dieser Situation die Herausforderung des Anlegers. Denn solange er die Aktie nicht mit Verlust verkauft, könnte sie ja noch in die gewünschte Richtung drehen und die bereits entstandenen Kosten bzw. den Aufwand, der in der Vergangenheit betrieben wurde, rechtfertigen. Das Thema Verluste wird im späteren Verlauf des Buches noch genauer betrachtet.

In der Fachliteratur werden alle Kosten, die in der Vergangenheit in eine Anlageentscheidung gesteckt wurden und die nicht mehr rückgängig gemacht werden können, auch Sunk-Costs genannt. Auch diese Sunk-Costs führen zu einem höheren Commitment seitens des Anlegers.

2 Folgen der kognitiven Dissonanz

Nachdem nun die Faktoren aufgelistet wurden, die zu einem stärkeren Commitment führen und somit auch die kognitive Dissonanz erhöhen, ist deutlich zu erkennen, warum die kognitive Dissonanz so ein unangenehmes Thema für alle Anleger ist bzw. ein so unschönes Gefühl bei allen Anlegern erzeugt. Es gehört zum normalen Verhalten, dass der Mensch versucht, unangenehme Themen bzw. Gefühle zu meiden. Der Anleger versucht also alles, um der kognitiven Dissonanz zu entgehen. Um die Dissonanzfreiheit zu erreichen, ergeben sich für den Anleger zwei Möglichkeiten: die selektive Wahrnehmung und das selektive Entscheiden.

Bei der **selektiven Wahrnehmung** geht es um das Phänomen, dass Anleger bei Anlageentscheidungen mit einem hohen Commitment versuchen, nur Informationen aufzunehmen, die ihre Entscheidung rechtfertigen. Ein Aktienanleger meidet also negative Informationen zu seiner Aktie bzw. gewichtet solche Informationen viel geringer als positive Unternehmensmeldungen. Durch diese verzerrte Wahrnehmung der Realität gelingt es dem Anleger, dem Gefühl der kognitiven Dissonanz aus dem Weg zu gehen. Wenn der Anleger sich zwischen dem Aktienkauf von zwei unterschiedlichen Unternehmen entschieden hat, kommt es sogar vor, dass er nicht nur selektiv nach positiven Nachrichten sucht, die für seine Wahl sprechen, sondern er nimmt zugleich auch unbewusst mehr negative Nachrichten auf zu demjenigen Unternehmen bzw. denjenigen Aktien, gegen deren Kauf er sich entschieden hat. Dieses Verhalten passiert unbewusst, führt aber letztendlich zur Dissonanzfreiheit.

Bei der selektiven Wahrnehmung versucht man also, Informationen so aufzunehmen, dass sie die entsprechende Anlageentscheidung rechtfertigen. Das hat sicherlich großes Potenzial, einem Anleger einen erheblichen Schaden zuzufügen. Bei der **selektiven Entscheidung** geht es darum, auch noch weitere Entscheidungen zu treffen, die die ursprüngliche Anlage rechtfertigen. Auf dem Aktienmarkt kommt es sicherlich häufig vor, dass Anleger eine Aktie kaufen, mit ansehen müssen, wie diese an Wert verliert und sich dann entscheiden, weitere Anteile zu erwerben. Durch das Nachkaufen will sich der Anleger wieder besser positionieren. Gleichzeitig versucht er aber unbewusst jedes Eingeständnis zu verhindern, dass seine ursprüngliche Entscheidung, die Aktie zu kaufen, falsch war. Dies ist ein typisches Beispiel für das selektive Entscheiden. Auch hier hat das unbewusste Streben nach Dissonanzfreiheit oberste Priorität für den Anleger. Dabei ist es ohne Weiteres möglich sein, dass sich der Anleger durch das selektive Entscheiden noch viel größeren Schaden zufügt als lediglich bei einer selektiven Wahrnehmung von Informationen. Mit dem Begriff »Schaden« ist hierbei nicht nur der finanzielle Schaden gemeint, sondern vor allem auch der psychische Schaden. Schließlich vergrößert sich durch das Nachkaufen die Position des Anlegers, was gleichzeitig auch bedeutet, dass er damit ein höheres Risiko eingeht.

Praxistipp für Trader: Ein Trader kann das Problem der kognitiven Dissonanz grundsätzlich vermeiden, indem er ein klares Handelssystem hat. Er entscheidet genau, wie sein Setup auszusehen hat, damit er aktiv wird und eine Position im Markt eingeht. Bei einem klaren Setup, das der Trader jedes Mal handelt, sollte er gar nicht erst in Versuchung kommen, Nachrichten selektiv wahrzunehmen, da für seine Entscheidungen nur das Chartbild zählt. Trotzdem ist dies für alle

Trading-Anfänger eine sehr große Herausforderung. Denn obwohl viele Anfänger versuchen, mit der Charttechnik zu handeln, achten sie trotzdem sehr intensiv auf Nachrichten und lassen sich dadurch verunsichern. Noch gefährlicher ist es, wenn Anfänger ohne klares Chart-Setup handeln, sondern versuchen, mehr gemäß ihrer Meinung bzw. nach ihrem Bauchgefühl zu handeln. Wenn ein Trader seine Meinung handelt, z. B. also den Dax short geht, da er der Meinung ist, der Markt müsste mal wieder korrigieren, dann wird er natürlich nach jeder kleinsten negativen Nachricht in den Medien suchen, die seine Meinung unterstützt. Gleichzeitig wird dieser Trader nach Signalen im Chart suchen, die seine Meinung unterstützen. Hierbei kann es gut möglich sein, dass er Signale handelt, die in Wirklichkeit gar nicht existieren. Er bildet sich die betreffenden Signale nur ein, da sie ja seine feste Meinung wiedergeben.

Ein solches Verhalten muss unbedingt vermieden werden, denn es wird langfristig zu Verlusten führen. **Ein Trader sollte niemals seine Meinung handeln, sondern immer nur Setups, die er klar definiert hat.**

Um dies auch wirklich umsetzen, sollte ein Händler beim Trading sein Ego komplett aus dem Spiel lassen. Denn alle Marktteilnehmer sind versucht, sich Meinungen über Chartverläufe zu bilden und die Kurse vorherzusagen, um auf diese Weise ihr Ego zu befriedigen. **Versuchen Sie niemals, ein Wahrsager zu sein.** Spitzen-Trader haben kein Interesse daran, den Markt vorherzusagen. Vielmehr suchen sie die Märkte nach ihrem Setup oder ihren Setups ab und warten geduldig auf ihre Chance.

Gleichzeitig sollte ein Trader sich nicht zu sehr damit beschäftigen, was andere machen. Durch die sozialen Medien ist es heutzutage sehr leicht, mit anderen Tradern in Kontakt zu kommen. Wenn Sie dieses Buch gelesen haben bzw. bei ATT Ihre Ausbildung absolviert haben, brauchen Sie nicht mehr nach links oder rechts zu schauen. Sie sollten sich dann nur noch darauf konzentrieren, das Gelernte in die Praxis umzusetzen.

3 Relative Bewertung von Gewinnen und Verlusten

Gewinne und Verluste werden ebenfalls häufig nicht absolut – also gemäß ihrem Zahlenwert bewertet, sondern relativ und damit entsprechend den persönlichen Empfindungen. Entscheidend hierbei sind der Dispositionseffekt, die Verlustaversion und die Regret-Aversion, drei Begriffe, die im Folgenden erklärt werden.

3.1 Dispositionseffekt

Eine der wohl bekanntesten Börsenweisheiten lautet: Gewinne laufen lassen und Verluste begrenzen. Diese Regel, die auf den ersten Blick recht logisch und einfach erscheint, erweist sich jedoch in der Realität für viele Privatanleger bzw. Trader als großes Problem. An der Börse kann man nämlich genau das Gegenteil beobachten. Anleger neigen dazu, Gewinne sehr schnell mitzunehmen, anstatt die Chance wahrzunehmen, einen größeren Gewinn einzufahren, da sie die bereits erzielten Gewinne auf gar keinen Fall wieder abgeben möchten. Die meisten Trader fürchten sich vor dem Szenario, mit ansehen zu müssen, wie eine Position, die sich im Plus befindet, wieder ins Minus dreht und wie dadurch die sicher geglaubten Gewinne wieder verschwunden sind. Auf der Verlustseite wiederum lässt sich genau das Gegenteil beobachten. Hier werden Verluste ungern schnell realisiert, sondern ein Händler neigt eher dazu, sie laufen zu lassen. In der Behavioral-Finance-Theorie spricht man hier auch vom Dispositionseffekt.

Die bereits erwähnte Theorie der kognitiven Dissonanz und der Sunk-Cost-Effekt, erklären den Dispositionseffekt und verdeutlichen, warum viele Anleger dazu neigen, Verluste laufen zu lassen, und warum sie mentale Probleme damit haben, diese schnell und einfach glattzustellen.

Praxistipp für Trader: Grundsätzlich gibt es bei einem Börsengeschäft immer vier mögliche Ausgänge: Ein großer Gewinn, ein kleiner Gewinn, ein kleiner Verlust und ein großer Verlust. Der Trader muss sich hierbei nur vor einem einzigen Ausgang schützen: vor dem großen Verlust.

Große Verluste stellen nicht nur einen finanziellen Schaden dar, sondern sie können einem Trader überdies auch einen psychischen Schaden zufügen. Sowohl der finanzielle Schaden als auch der psychische Schaden muss unbedingt verhindert werden. Deswegen müssen Verluste permanent klein gehalten werden. Über das entsprechende Risiko-Management wurde bereits gesprochen.

Jeder Trader muss anerkennen, dass kleine Verluste ein Teil des Geschäftes sind, den man nicht verhindern kann. Es gibt kein Trading-System mit einer 100-prozentigen Trefferquote, und deswegen muss der Trader kleine Verluste akzeptieren.

Wer diese Hürde gemeistert hat, muss als nächstes dafür sorgen, dass die durchschnittlichen Gewinne deutlicher größer sind als die durchschnittlichen Verlierer-Trades.

Das Kapitel rund um das Thema Trademanagement wird Ihnen dabei helfen, Ihre Gewinne zu maximieren, denn die Verwaltung eines Trades entscheidet darüber, wie viel Geld Sie mit einem Trade verdienen.

3.2 Verlustaversion

Eines der bekanntesten Werke über die Behavioral Finance ist das Werk *Prospect Theory: An Analysis of Decision under Risk* (1979) von den Psychologen Daniel Kahneman und Amos Tversky. In diesem Werk geht es speziell darum, dass Anleger Verluste ganz anders empfinden als Gewinne. Anleger ärgern sich über Verluste viel mehr, als sie sich über einen Gewinn in gleicher Höhe freuen. Die Psychologen führen dafür ein Bespiel an, bei dem sich ein Anleger zwischen zwei Möglichkeiten entscheiden muss: Bei der ersten Möglichkeit muss der Anleger einen sicheren Verlust von $ 7.500 akzeptieren, wohingegen er bei der zweiten Möglichkeit eine 75-prozentige Chance auf einen Verlust von $ 10.000 hat und eine 25-prozentige Wahrscheinlichkeit, keinen Verlust zu erleiden. Bei beiden Möglichkeiten ergibt der Erwartungswert einen Verlust von $ 7.500, und trotzdem entscheidet sich die große Mehrheit hierbei für die zweite Option.

Das Beispiel verdeutlicht: Anleger realisieren Verluste nur ungern. Solange sie eine theoretische Chance haben, dass sich ihre Position wieder aus den Verlusten herausbewegt, würden sie sogar noch höhere Verluste auf dem Papier akzeptieren. Des Weiteren fanden Kahneman und Tversky heraus, dass sich Anleger 2,5-mal mehr über Verluste ärgern, als sie sich über einen Gewinn in selber Höhe freuen. Diese Verlustaversion seitens des Anlegers erklärt wiederum den Dispositionseffekt und damit das kuriose Phänomen, dass Anleger Verluste laufen lassen. Denn solange sie die Verluste nicht realisieren, sind es nur Verluste auf dem Papier und keine realen Verluste. Wie stark sich ein Anleger über Gewinne freut bzw. über Verluste ärgert, hängt auch vom Commitment ab.

Praxistipp für Trader: Verlust-Trades gehören zum Börsenhandel dazu. Dies muss jeder Trader akzeptieren. Auch die besten Trader von J. P. Morgan haben Verlust-Trades, aber im professionellen Handel geht es darum, die eigenen Verlust-Trades so klein wie möglich zu halten. Ärgern Sie sich also nicht länger über Verlust-Trades, sondern analysieren Sie lieber, ob Sie bei einem Verlust-Trade nicht einen Fehler gemacht haben. Gleichzeitig sollten Sie nach einem Verlust-Trade immer überprüfen, ob sich nicht ein Wiedereinstieg anbietet. Dies unterscheidet die Gewinner von den Verlierern.

Dass Sie niemals einen Trade ohne Stop-Loss laufen lassen sollten, muss an dieser Stelle noch einmal ausdrücklich erwähnt werden. Bei einem Trade ohne Stop-Loss riskieren Sie letzten Endes Ihr gesamtes Trading-Konto oder sogar noch mehr. Gerade, wenn man nicht damit rechnet, könnte ein überraschendes Ereignis an der Börse passieren, das die Kurse verrücktspielen lässt. Wenn Sie in einer solchen Situation ohne einen Stop im Markt sind, könnten Sie alles verlieren.

3.3 Regret-Aversion

Neben der Angst vor Verlusten existiert beim Anleger zudem auch noch die Angst vor Fehlentscheidungen. Das nennt man in der Fachliteratur Regret-Aversion. Der Anleger möchte keine Entscheidung bereuen bzw. davon enttäuscht werden. Er versucht deswegen, Fehlentscheidungen zu vermeiden. Diese Verhaltens-Anomalie führt zu einer verstärkten Unsicherheit bzw. Passivität des Anlegers. In manchen Fällen kann sich das durchaus vorteilhaft für den Anleger auswirken, denn wenn er sich beim Kauf einer Aktie unwohl und unsicher fühlt, ist es prinzipiell besser für ihn, die Aktie nicht zu kaufen. Allerdings kann diese Passivität wiederum ein großer Nachteil sein, wenn eine Position sich im Verlust befindet. Hierbei geht es nicht nur um die Angst vor Verlusten, sondern um die Angst, diese Verluste zum denkbar ungünstigsten Zeitpunkt zu realisieren. Eine mögliches Horrorszenario für jeden Anleger ist das Glattstellen einer Verlustposition und die anschließende Erfahrung, mit ansehen zu müssen, wie die Aktie eine Trendwende vollzieht und stark ansteigt. Hierbei muss der Anleger nicht nur einen Verlust verbuchen, sondern er erleidet zudem psychische Schmerzen, da er mit seinem ursprünglichen Geschäft recht hatte und nun zusehen muss, wie die Aktie steigt, ohne dass er davon profitieren würde.

Diese Angst vor einer Fehlentscheidung führt zu einer Passivität des Anlegers. Dabei werden die Folgen einer möglichen Fehlentscheidung als nachteiliger empfunden, als der Schaden eines immer größer werdenden Verlustes, der durch bloßes Nichtstun entsteht. Genauso wie bei der Verlustaversion verstärkt auch hier das Commitment die Ausprägung der Regret-Aversion. Je stärker das Commitment des Anlegers, desto größer die Angst vor Fehlentscheidungen.

Zugleich sind Fehlentscheidungen auch immer ein Eingeständnis von Schwäche. Und Schwäche bzw. Fehler werden in unserer Gesellschaft heutzutage kaum mehr akzeptiert. Die meisten Menschen akzeptieren keine Fehler, da sie glauben, selbst keine zu begehen. Fehler machen grundsätzlich immer nur die anderen Menschen. Hinzu kommt die Tatsache, dass niemand gerne vor anderen Menschen schlecht dastehen möchte. Welcher Anleger will sich schon die Blöße geben, mit Verlusten vor Kollegen, Freunden oder dem eigenen Partner dazustehen. Dies alles erklärt die Regret-Aversion und ist ein weiterer Grund, warum so viele Anleger dazu neigen, Verluste laufen zu lassen anstatt sie durch eine Glattstellung der Verlustposition zu begrenzen.

Praxistipp für Trader: Um die Regret-Aversion zu umgehen, benötigt der Trader ein zu 100 Prozent klares Regelwerk, so dass er gar nicht erst in Versuchung kommt, seine Emotionen mit ins Spiel zu bringen.

Wenn ein Händler kurzfristig in Indizes unterwegs ist, muss er am Ende des Tages entscheiden, ob er bestimmte Positionen über Nacht hält oder nicht. Die europäischen Indizes, wie z. B. der Dax, schließen abends um 22 Uhr und öffnen erst wieder am nächsten Morgen um 8 Uhr. Dies bedeutet für den Trader, dass ein mögliches Gap-Risiko am nächsten Tag besteht, sollte er seine Dax-Position über Nacht halten. Er muss also entscheiden, ob er gegebenenfalls seinen Trade am Ende des Tages schließt.

Dies ist keine leichte Entscheidung, weil der Trade am nächsten Tag wieder sofort in seine Richtung laufen könnte und der Anleger dann eventuell keinen guten Einstieg mehr findet. Dies würde also einen entgangenen Gewinn für den Trader bedeuten, was psychologisch gesehen sehr schmerzlich ist. In diesem Fall sollte der Trader ein genaues Regelwerk ausarbeiten, das ihm am Ende des Tages genau sagt, was er zu tun hat. Sollte er z. B. mit seiner Dax-Position weit im Gewinn sein und bereits einen Teilverkauf vollzogen haben, dann kann er natürlich den Trade über Nacht halten. Denn auch wenn ein großer Gap gegen seine Handelsrichtung vorkommt, kann er keinen großen Verlust mehr erleiden, da er bereits einen Gewinn mitgenommen hat. Wenn er sich mit seiner Dax-Position ungefähr auf dem Einstandspreis befindet und noch keinen Gewinn mitgenommen hat, dann erscheint es dagegen sinnvoll, die betreffende Position nicht über Nacht zu halten und somit kein Gap-Risiko einzugehen. In diesem Fall sollte sich der Trader natürlich am nächsten Morgen einen Wiedereinstieg in den Trade suchen. Trader sind immer auch Risiko-Manager und müssen ihr Risiko zu jeder Zeit kritisch überprüfen. Und wer vom Typ her eine etwas konservativere Herangehensweise bevorzugt und lieber mit weniger Risiko handelt bzw. das Gap-Risiko sehr kritisch betrachtet, der hat definitiv eine größere Chance, langfristig an der Börse zu agieren und profitabel zu werden.

4 Heuristiken

Jeden Tag sieht sich der Anleger mit einer Flut von Informationen konfrontiert. Er kann sich dabei nie sicher sein, welche Informationen relevant und welche weniger relevant für seine Anlagen sind. Die vielen Informationen, die ein Anleger jeden Tag verarbeiten muss, kommen vor allem dadurch zustande, dass er sich z. B. bei einem Aktien-Engagement sowohl auf Unternehmensnachrichten, als auch auf allgemeine Markt- bzw. Konjunkturnachrichten konzentrieren muss. Ein Aktienanleger geht nämlich nicht nur das Risiko des speziellen Unternehmens ein (firm-specific risk), sondern er nimmt auch immer das allgemeine Marktrisiko (systematic risk) auf sich.

Deswegen sollte ein Privatanleger also nicht nur Unternehmensnachrichten beobachten, die Einfluss auf die Entwicklung seiner Aktie haben, sondern auch immer die allgemeine konjunkturelle Situation beobachten und analysieren. Wegen der Verstrickung von Finanzmärkten weltweit und aufgrund der Tatsache, dass einzelne Volkswirtschaften voneinander abhängig sind, sollte der Anleger also nicht nur die wirtschaftliche Entwicklung in seinem Heimatland beobachten, sondern er sollte auch die Entwicklung aller großen Volkswirtschaften im Überblick behalten. Die Finanzkrise von 2007/2008 ist ein gutes Beispiel dafür, wie schnell es passieren kann, dass eine Krise von einem Land in diesem Fall von den USA blitzschnell auch auf andere Länder übergehen kann.

Damit nun der Anleger irgendwie eine Möglichkeit hat, diese Informationsflut an den Finanzmärkten zu bewältigen, versucht er Informationsinhalte, die möglicherweise Einfluss auf seine Anlagen haben, möglichst weit zu vereinfachen. Dies gelingt dem Anleger durch die Anwendung sogenannter Heuristiken (Faustregeln, Vereinfachungen). Da ein Mensch sowieso nicht mehr als sieben Informationen parallel verarbeiten kann, verwendet er Strategien oder Regeln, mit denen er Informationen schnell und mit geringem Aufwand verarbeiten und analysieren kann. Diese Heuristiken werden aber auch dann verwendet, wenn ein Anleger das Gefühl hat, bestimmte Informationen seien nicht so wichtig, oder wenn er bei bestimmten Problemstellungen noch keinerlei Erfahrung besitzt. Hierbei gilt es zu unterscheiden von Heuristiken zur Komplexitäts-Reduzierung und Heuristiken, die zu einer schnellen Urteilsfindung führen sollen.

Praxistipp für Trader: Wenn man als Analysemethode die Charttechnik heranzieht, dann haben Nachrichten sowieso nur eine untergeordnete Rolle. **Der Trader konzentriert sich völlig auf sein Setup und versucht, dieses stringent zu handeln.** Ein Trader sollte lediglich die wirklich wichtigen Nachrichten, wie z. B. den US-Arbeitsmarktbericht, die Zinsentscheidungen der Notenbanken oder die Quartalsberichte der Unternehmen im Auge haben und unmittelbar vor der Veröffentlichung dieser Meldungen keine Positionen eröffnen.

Für einen Charttechniker könnte es sogar von großem Vorteil sein, wenn er bewusst versucht, tagsüber so wenig Nachrichten wie möglich aufzunehmen. Während des Tradings sollte also der Fernseher ausgeschaltet bleiben und ein Trader muss auch nicht ständig die Ticker-Meldungen von Wirtschafts- und Finanzzeitungen verfolgen. Später, wenn ein Händler die Technik, die in diesem Buch vermittelt wird, 100 Prozent verinnerlicht hat, dann kann er sich zusätzlich noch mit der fundamentalen Seite des Börsenhandels beschäftigen.

Am Ende des Tages geht es immer um Angebot und Nachfrage, bzw. um die Stimmung bei den Marktteilnehmern, und dies kann man am besten am Chart erkennen.

4.1 Mental Accounting

Eine Strategie, komplexe Informationen zu vereinfachen, bietet das sogenannte Mental Accounting. Wenn ein Anleger sich z. B. zwischen verschiedenen Aktien entscheiden will, führt er für jedes Aktien-Engagement ein eigenes mentales Konto ein und bewertet dieses Konto unabhängig von allen anderen mentalen Konten. Der Anleger betrachtet also niemals die Gesamtheit seiner Anlagen, sondern bewertet alle Positionen unabhängig voneinander.

Ein sehr gutes Beispiel für mentale Konten offenbart eine Studie von den Psychologen Kahneman und Tversky. In dieser Studie mussten die befragten Teilnehmer in zwei unterschiedlichen Situationen eine Entscheidung treffen. In der ersten Situation wollen sich die Befragten ein Theaterstück anschauen und haben einige Tage vorher bereits die entsprechenden Karten für jeweils $ 10 gekauft. Kurz vor der Vorstellung müssen sie jedoch feststellen, dass sie ihre Eintrittskarten verloren haben. Nun müssen sie sich entscheiden, ob sie an der Abendkasse erneut Karten für $ 10 kaufen. In der zweiten Situation gehen die Befragten ebenfalls ins Theater, allerdings haben sie im Vorfeld keine Karten gekauft. An der Abendkasse angekommen, müssen die Probanden feststellen, dass sie die $ 10 Dollar aus ihrer Tasche verloren haben. Allerdings haben sie noch genug Geld dabei, die Eintrittskarten zu kaufen, wenn sie denn die Karten trotz des Verlustes von $ 10 nach wie vor kaufen wollen.

In beiden Situationen entsteht ein Verlust von $ 10, aber die Ergebnisse sind hierbei völlig unterschiedlich. Bei der ersten Situation würden sich nur 46 Prozent der Befragten erneut Karten kaufen, während bei der zweiten Situation ganze 88 Prozent bereit wären, die Karten zu kaufen. Der entscheidende Unterschied sind die mentalen Konten der Befragten. In der ersten Situation wurde das »Konto« Theaterbesuch bereits im Vorfeld mit $ 10 belastet. Eine weitere Belastung mit $ 10 ist hierbei für einige zu viel. Bei der zweiten Situation wird hingegen das »Konto« Portemonnaie belastet. Der Proband hat zwar $ 10 verloren, was sicherlich ärgerlich ist, aber dies hat keinen Einfluss auf sein »Konto« Konzertbesuch. Deshalb entscheiden sich so viele Teilnehmer in der zweiten Situation, die Karten trotzdem zu kaufen.

Die unbewusste Führung mentaler Konten kann an den Finanzmärkten zu großen Problemen führen. Für jede Anlage, die der Anleger erwirbt, eröffnet er ein eigenes mentales Konto, wobei er seinen Kaufpreis als Bezugspunkt festlegt und sich daran orientiert. Falls der Anleger nun eine weitere interessante Anlage gefunden hat, kann es für ihn durchaus schwierig werden, sein Geld umzuschichten, wenn er für jede Position ein eigenes »Mental Account« führt. Wenn sich z. B. eine Position im Verlust befindet, also unterhalb seines Bezugspunktes, so wird der Anleger diese Position bzw. dieses geistige Konto ungern schließen, auch wenn das Glattstellen der Position und die Umschichtung des Kapitals für sein gesamtes Portfolio die bessere Entscheidung wäre. Der Anleger betrachtet aber nicht sein Portfolio als Ganzes, sondern immer nur jede Position isoliert für sich.

Wenn der Anleger seine Anlagen immer nur isoliert betrachtet, kann es auch passieren, dass er sich immer nur für eine Anlage entscheidet und z. B. sein gesamtes Kapital in eine Aktie investiert. Da er unterschiedliche Aktien immer nur komplett isoliert betrachtet, wird der Anleger ein Engagement bei unterschiedlichen Aktien als erhöhtes Risiko ansehen. Durch die Führung von geistigen Konten kann es also passieren, dass der Anleger nicht den Vorteil der Diversifikation ausnutzt, sondern stattdessen ein erhöhtes Risiko eingeht, indem er sein ganzes Kapital in eine Anlage investiert. »Mental Accounting« führt also dazu, dass Risiken falsch bewertet werden und mögliche Gewinnchancen ungenutzt bleiben.

Praxistipp für Trader: Das Thema Diversifikation wurde bereits angesprochen, aber es kann nicht häufig genug erwähnt werden, wie wichtig es im Trading ist, auf Diversifikation zu setzen. Ein Trader vergibt einfach zu viele gute Chancen, wenn er sich nur auf zwei oder drei Märkte fokussiert, besonders dann, wenn sich in den wenigen Märkten, die er beobachtet, einfach keine guten Trading-Chancen ergeben.

Die Theorie des Mental Accounting sagt zwar aus, dass man Anlagen niemals isoliert betrachten sollte, allerdings muss ein Trader trotzdem lernen, einen Trade isoliert von anderen Trades zu betrachten. Dies hört sich jetzt für den Leser etwas verwirrend an, aber denken Sie über folgendes Beispiel nach: Ein Trader hat an einem Tag zwei Chancen wahrgenommen, einen Trade hat er am Vormittag beendet, der einen Verlust von 200 Euro brachte. Der zweite Trade am Nachmittag läuft gerade in die angedachte Richtung und die Position befindet sich mit 200 Euro im Plus. Allerdings hat er sich ein Gewinnziel von 350 Euro bei diesem Trade gesetzt. Wenn der Trader jetzt den gesamten Tag betrachtet, könnte er schnell auf die Idee kommen, den Gewinn von 200 Euro zu realisieren, damit er seinen Verlust vom Vormittag wieder komplett weggemacht hat. Schließlich könnte der Markt ihm die 200 Euro ja theoretisch auch schnell wieder wegnehmen.

Dies wäre allerdings ein großer Fehler. Er würde damit gegen sein Regelwerk verstoßen, denn er hat sich ja ein konkretes Ziel gesetzt. Er würde also seine Gewinne zu früh mitnehmen und dies ist wie bereits erläutert ein grundsätzlicher Fehler, den ein Trader niemals machen sollte. **Es ist also wichtig, jeden Trade**

auch isoliert zu betrachten, unabhängig von dem, was vor dem jeweiligen Trade passiert ist.

In unserem Beispiel wäre es also falsch, wenn der Trader den Gewinn von 200 Euro realisieren würde, nur um damit seine Verluste vom Vormittag wieder wettzumachen. Sondern es wäre richtig, den Stop nach seinem Regelwerk solange nachzuziehen bis der Trade das Gewinnziel erreicht bzw. bis ein erster Teilverkauf möglich ist.

4.2 Availability-Effekt (Verfügbarkeit von Informationen)

Es wurde bereits erwähnt, dass es jeden Tag zu einer großen Informationsflut an den Finanzmärkten kommt. Gleichzeitig ist es heutzutage durch das Internet viel leichter für den Anleger bzw. Trader, an Informationen zu gelangen. Nun nutzen Anleger bestimmte Informationsquellen auf ganz unterschiedliche Weise. Manche lesen jeden Tag den Wirtschaftsteil ihrer bevorzugten Tageszeitung, andere sehen sich lieber Nachrichtensendungen im Fernsehen an und wieder andere treffen ihre Anlageentscheidungen, nachdem sie sich mit Freunden oder Kollegen über die aktuelle Lage an den Finanzmärkten unterhalten haben.

Hierbei ist es wichtig zu verstehen, dass bestimmte Informationen und Eindrücke in unserem Gedächtnis viel schneller und einfacher verfügbar sind als andere, was zu einer vorschnellen Entscheidung führt. Man spricht hierbei auch vom »Availability-Effekt«. Meinungen von Freunden, Kollegen oder Familienmitglieder sind stärker präsent und werden höher gewichtet, als z. B. ein aktueller Artikel aus einer Tageszeitung. Aber auch gerade eingetroffene Informationen sind logischerweise schneller und leichter verfügbar und werden ebenfalls stärker gewichtet.

Der »Availability-Effekt« kann auch dazu führen, dass sich der Anleger gezielt auf eine bestimmte Information oder ein bestimmtes Ereignis konzentriert. Dies führt dazu, dass die vorherrschende Marktstimmung großen Einfluss auf die Anlageentscheidung des Traders nimmt. Überreaktionen des Marktes sind hierbei eine logische Konsequenz.

An dieser Stelle ist auch noch zu erwähnen, dass die allgemeine Marktstimmung bzw. die Stimmungslage des Anlegers auch maßgeblich von der Presse beeinflusst wird. Wenn es an den Finanzmärkten zu starken Kursschwankungen kommt, wie zuletzt im Herbst 2011 oder auch im Sommer 2015, neigen viele Tageszeitungen zu einer zusätzlichen Dramatisierung der Situation. Infolge der Eurokrise kam es häufig vor, dass viele Tageszeitungen nicht nur von einer Krise sprachen, sondern häufig vom »Ende des Euro« oder vom »Zusammenbruch der Eurozone«. Natürlich lassen sich solche Schlagzeilen viel besser verkaufen, aber für den Anleger, der sich jeden Tag einer solchen Berichterstattung ausgesetzt sieht, wird es umso schwerer, seine Anlagen ruhig und sachlich zu analysieren. Die Wahrscheinlichkeit ist recht hoch, dass der Anleger durch die Überreaktion des Marktes und die Berichterstattung der Presse zu voreiligen Entscheidungen gedrängt wird.

Wenn Informationen oder Erinnerungen nur bedingt verfügbar sind, spricht man in diesem Zusammenhang auch von kognitiver Verfügbarkeit. Hierbei ist auch wichtig, dass sich die kognitive Verfügbarkeit auf die Einschätzungen von Wahrscheinlichkeiten und Häufigkeiten auswirkt. Wenn z. B. ein Anleger selbst noch nie einen Börsencrash miterlebt hat, so wird er die Wahrscheinlichkeit, dass es in naher Zukunft wieder zu einem Crash kommt, viel geringer einschätzen als ein Anleger, der schon mehrere Kursstürze miterlebt hat. Durch die kognitive Verfügbarkeit kommt es also abermals zu einer Urteilsverzerrung beim Anleger.

Wenn es um Urteilsverzerrung geht, sei an dieser Stelle auch noch einmal die selektive Wahrnehmung zu nennen. Wie bereits im Vorfeld erläutert wurde, neigen Anleger dazu Informationen eher aufzunehmen, die ihre persönliche Meinung bzw. ihre eigenen Vorstellungen unterstützen. Informationen, die weniger im Einklang mit der eigenen Meinung stehen, werden nicht wahrgenommen oder als nicht so wichtig eingestuft.

Sowohl das »Mental Accounting«, als auch die Verfügbarkeits-Heuristiken führen zum selben Ergebnis. Der Anleger versucht unbewusst, die Komplexität von Informationen zu reduzieren und gewichtet dabei relevante Informationen völlig unterschiedlich. Dies ist ein wichtiger Grundgedanke der Behavioral Finance und eine wichtige Begründung, warum Finanzmärkte ineffizient sind.

Praxistipp für Trader: Als Trader darf man sich niemals von anderen beeinflussen lassen. Egal, was die Medien oder auch andere Trader-Kollegen sagen, ein Händler muss sich immer sehr nüchtern und sachlich mit der aktuellen Marktsituation beschäftigen und seinen eigenen Handelsstil verfolgen. Auch wenn alle nach einem Crash schreien, so wie z. B. im Januar 2016, als die Märkte wegen der schwächer werdenden Konjunktur in China unter Druck gerieten, bedeutet das nicht, dass nicht jederzeit wieder eine sehr schnelle Kurserholung kommen kann.

Dies passierte dann auch ab Mitte Februar und in einem solchen Fall schwenkt die Stimmung dann plötzlich auch wieder in den Medien sehr stark um. Von einem Crash will dann keiner mehr etwas wissen. Ein Händler, der einfach nur stur und nüchtern seinen Handelsstil verfolgt, hat mit einer derartig starken Trendumkehr keine Probleme, da er seine Teilverkäufe genau an den markanten Stellen realisiert hat und nicht irgendwo im Tief in den Markt gesprungen ist, aus Angst, er könnte jetzt den ganz großen Crash verpassen.

Sie werden in der Finanzwelt sehr viele selbst ernannte Experten finden, die ständig prognostizieren, dass der nächste Crash kommt. Zugegeben: Irgendwann werden die Märkte definitiv wieder einmal stärker korrigieren. Aber den genauen Zeitpunkt wird Ihnen niemand verraten können. **Und genau deswegen handelt ein Trader immer nur das, was er sieht.**

4.3 Verankerungs-Heuristik

Neben Heuristiken, die zur Komplexitäts-Reduzierung führen, gibt es auch Methoden, die zu einer schnellen Urteilsfindung führen. Wegen der hohen Geschwindigkeit, mit der sich die Kurse an den Finanzmärkten regelmäßig ändern können, ist für viele Marktteilnehmer ein schnelles Urteil von großer Bedeutung. Das sogenannte »Anchoring« dient hierbei als Heuristik, um eine schnelle Entscheidung zu treffen. Hierbei neigen Marktteilnehmer dazu, sich bei Analysen oder der Verwertung von Informationen, an einem Richtwert bzw. Bezugspunkt (Anker) zu orientieren. Wenn der Anleger weitere Informationen erhält bzw. weitere Analysen durchführt, sollte es zu einer Anpassung des Ankerwertes kommen. Empirische Untersuchungen haben allerdings festgestellt, dass diese Anpassung zu gering ausfällt und dass der ursprüngliche Ankerwert eine zu große Gewichtung erhält.

Auch diese Erkenntnis stammt von den Herren Tversky und Kahneman, die mit einem Experiment die Verankerungs-Heuristik veranschaulichten: Studenten wurden in zwei Gruppen eingeteilt und mussten jeweils innerhalb weniger Sekunden eine Schätzung für eine Rechenaufgabe abgeben. Die erste Gruppe musste hierbei für das Produkt aus 1*2*3*4*5*6*7*8 eine Schätzung abgeben. Die zweite Gruppe erhielt die Rechenaufgabe 8*7*6*5*4*3*2*1. Die Lösung für beide Aufgaben beträgt 40.320, da ja lediglich die Zahlen vertauscht wurden. Die Schätzungen der beiden Gruppen gehen allerdings stark auseinander. Die erste Gruppe kam auf eine durchschnittliche Schätzung von 512, während die zweite Gruppe im Durchschnitt auf 2.250 kam. Die »Anchoring«-Theorie erklärt die unterschiedlichen Ergebnisse, da jeweils die erste Zahl der Rechenaufgabe als Ankerwert diente. Die Zahl 1 war für die erste Gruppe der Bezugswert und erklärt daher das niedrige Ergebnis von 512. Bei der zweiten Gruppe diente die Zahl 8 als Ankerwert und erklärt, warum der durchschnittliche Schätzwert mit 2.250 deutlich höher ist, als bei der ersten Gruppe.

Übertragen auf die Finanzmärkte hat die Verankerungsheuristik eine große Bedeutung für Anleger. Ein Ankerwert kann hierbei nicht nur ein entsprechender Kurs, wie z. B. der Ausgabepreis bei einer IPO sein, sondern auch eine Analystenmeinung oder lediglich die Meinung von Freunden. Der Ankerwert spielt in allen Fällen eine große Rolle bei allen zukünftigen Analysen des Anlegers. Wenn z. B. ein guter Freund des Anlegers eine sehr bullishe Einstellung zu den Aktienmärkten hat, so kann ein potenzieller Ankerwert diese Meinung des Anlegers widerspiegeln und der Anleger wird bei allen zukünftigen Analysen auch eine bullishe Grundeinstellung haben. Gerne werden von Anlegern auch Aktienkursziele von Analysten als Ankerwerte genommen.

Im Zusammenhang mit der Verankerungs-Heuristik lässt sich auch der Primat- und Priming-Effekt erklären. Wenn Informationen hintereinander präsentiert werden, sollte man normalerweise davon ausgehen, dass man sich die Information, die zuletzt genannt wird, am besten merken kann. Allerdings geht der Primat-Effekt davon aus, dass sich Anleger bei wichtigen Unternehmens- oder Wirtschaftsnachrichten die erste Information am besten merken können und dementsprechend handeln. Zusätzlich nimmt die Aufmerksamkeit der Menschen mit der Zeit ab, das heißt, je mehr Informationen aufeinander folgen, desto schwieriger wird es für den Menschen, die späteren Informationen genauso gut aufzunehmen und zu verarbeiten wie die ersten. Dies kann an den Finanzmärkten bei verschiedenen Meldungen eine wichtige Rolle spielen. Man stelle sich vor, die Marktteilnehmer lesen sich kurz eine Schlagzeile zu den aktuellen amerikanischen Arbeitsmarktdaten durch. Dabei gehen wir von zwei unterschiedlichen Formulierungen der Schlagzeile aus:

»US-Arbeitslosenquote auf historischen Tiefstand, aber Zuwachs der Stellen im Nicht-Agrarbereich (Nonfarm-Payroll) niedriger als erwartet.«

»Zuwachs der Stellen im Nicht-Agrarbereich niedriger als erwartet, aber US-Arbeitslosenquote auf historischen Tief.«

Obwohl der Inhalt beider Meldungen identisch ist, könnte die Reaktion bei vielen Marktteilnehmern unterschiedlich ausfallen. Bei der ersten Formulierung würde sicherlich die Reaktion der Anleger bezüglich der amerikanischen Wirtschaft deutlich positiver ausfallen, als bei der zweiten Formulierung. Neben der abnehmenden Aufmerksamkeit des Lesers ist die Verankerungs-Heuristik hier der Grund für die wahrscheinlich unterschiedliche Reaktion der Anleger. Der erste Satz der Meldung dient hierbei als Anker und wird viel höher bewertet als der zweite.

Auch der sogenannte Priming-Effekt geht davon aus, dass die erstgenannte Information einen großen Einfluss auf die Anleger hat. Allerdings unterstellt der Priming-Effekt, dass die erste Information bei einer Meldung die Interpretation der nachfolgenden Informationen beeinflusst. Bei unserem Beispiel mit den US-Arbeitsmarktdaten würde dies bedeuten, dass der Anleger bei der ersten Formulierung durch den ersten Satz in eine positive Grundeinstellung gerät, wodurch er nachfolgende Sätze viel positiver wahrnimmt.

Es wurde bereits erwähnt, dass die Presse einen großen Einfluss auf die allgemeine Stimmung der Marktakteure ausüben kann. Mit den Erkenntnissen des Primat- und Priming-Effekts ist dies noch deutlicher zu verstehen. Je nach Formulierung der Schlagzeilen gelangt der Anleger zu einer schlechten Urteilsfindung.

Praxistipp für Trader: Ein Trader sollte sich bei jedem Trade konkrete Ziele setzen, wo er seine Teilverkäufe realisieren möchte. Hierbei könnte ihm die Anchoring-Theorie etwas im Wege stehen, denn während eines Trades muss ein Händler auch auf das reagieren, was ihm der Markt bzw. der Trade anbietet. Das bedeutet: Sollte der Trade das erste Ziel nicht ganz erreichen, es aber deutliche Anzeichen dafür geben, dass der Wert wieder drehen könnte, dann ist es zu empfehlen, den geplanten Teilverkauf bereits früher durchzuführen. Sollte der Trader sich zu sehr an jenem Ziel festklammern, das er sich am Anfang gesetzt hat, wird er allerdings Probleme haben, bereits früher einen Teilgewinn zu realisieren. Es ist also sehr wichtig, sich nicht konkrete Kursziele zu setzen, sondern viel besser Zonen im Chart, wo ein Teilverkauf möglich wäre. Und gleichzeitig muss ein Händler immer flexibel darauf reagieren, was der Markt gerade macht, und dementsprechend auch seinen Plan für das Trade-Management leicht anpassen.

4.4 Gambler's Fallacy

Eine weitere Theorie, die eine schnelle und häufig falsche Urteilsfindung bei Anlegern erklärt, ist die sogenannte »Gambler's Fallacy«. Wenn man eine Münze werfen würde und es käme fünfmal in Folge Kopf und nun würde man einige Personen fragen, ob als nächstes Kopf oder Zahl erscheint, so würde wahrscheinlich die große Mehrheit auf Zahl setzen, da die meisten es doch für sehr unwahrscheinlich halten, dass sechsmal in Folge Kopf erscheint. Dabei liegt die Wahrscheinlichkeit, dass beim nächsten Wurf Kopf oder Zahl erscheint, genau bei 50 Prozent zu 50 Prozent. Es spielt bei einem Münzwurf keine Rolle, wie die Ergebnisse der vorangegangenen Würfe aussahen. Doch die meisten Menschen denken nicht so und kommen deshalb zu einer falschen Urteilsfindung. Viele interpretieren bei diesem Beispiel das Gesetz der großen Zahlen falsch, weshalb die Psychologen Tversky und Kahneman die Theorie der »Gambler's Fallacy« auch als »Gesetz der kleinen Zahlen« bezeichneten. An den Finanzmärkten können Anleger ebenfalls sehr schnell Opfer der »Gambler's Fallacy« werden, indem sie z. B. Aktien kaufen, die in der Vergangenheit stark gefallen sind und sich nun vielleicht deutlich unter ihrem Jahresdurchschnitt befinden. Dabei übersehen viele Anleger, dass Aktien, die in der Vergangenheit stark an Wert verloren haben, auch in Zukunft weiter sinken können und dass sie keineswegs zwangsläufig irgendwann wieder steigen müssen. Hierzu wurden auch Studien durchgeführt, für die sich Testpersonen Spiel-Aktien kaufen sollten. Das Ergebnis war, dass die Mehrheit der Probanden Aktien auswählte, die eine längere Abwärtsbewegung hinter sich hatten, weil sie darauf spekulierten, dass diese irgendwann auch mal wieder steigen würden.

Praxistipp für Trader: Egal, wie tief eine Aktie steht solange sie noch nicht fast am Nullpunkt angekommen ist bzw. sich in der Insolvenz befindet, kann sie auch noch weiter fallen. Dies sollte für einen Trader eigentlich kein Thema sein, da er sowieso mit dem Trend handeln will. Wenn eine Aktie nur fällt und fällt und fällt, sollte kein Trendfolger auf die Idee kommen, diese Aktie zu kaufen. Allgemein sollte sich jeder Händler merken, dass der Markt keine Grenzen kennt. Ein schönes Beispiel hierfür sind die zehnjährigen deutschen Staatsanleihen, die im Juni 2016 zum ersten Mal in der Geschichte auf unter 0 Prozent gesunken sind. Der deutsche Staat kann sich also auf zehn Jahre verschulden und erhält dafür auch noch eine Rendite. Viele Marktteilnehmer unterliegen in diesem Beispiel sicherlich ganz klar der Gambler's Fallacy, weil sie argumentieren, der Bund Future sei so weit gestiegen, dass er nur noch fallen kann. Sie wetten also gegen die deutschen Staatsanleihen und verlieren das eingesetzte Geld, da der Markt keine Grenzen kennt und immer weiter steigen kann. Außerdem hatte es auch ganz klare fundamentale Gründe, warum der Bund Future immer weiter stieg. Denn zum einen ist der Bund einer der wenigen sicheren Häfen, die es noch gibt, zumal die Länder, die ein AAA-Rating haben, in den vergangenen Jahren immer weniger wurden. Zum anderen kauft im Hintergrund zugleich die EZB jeden Monat für 80 Milliarden Euro Staatsanleihen aus Europa und erwirbt hierbei auch deutsche Staatspapiere. Hinzu kamen im Jahre 2016 einige Unsicherheitsfaktoren für die Aktienmärkte, wie z. B. eine schwächelnde chinesische Wirtschaft, das Brexit-Referendum in England und sinkende Gewinne der großen Konzerne.

Auch um diese psychologische Falle zu umgehen, gilt einer der wichtigsten Sätze eines technisch orientierten Händlers: **Nur das handeln, was der Chart deutlich zeigt.**

5 Das Bedürfnis nach Kontrolle

Der Mensch ist von Natur aus bestrebt, die Ereignisse und Zustände seiner Umwelt zu kontrollieren und zu beeinflussen. Das Bedürfnis nach Kontrolle ist für viele Menschen eine grundlegende Motivation für ihr Denken und Handeln. Zugleich gibt die Kontrolle über seine Umwelt dem Menschen ein Gefühl, wichtig und kompetent zu sein. Ein Kontrollverlust hingegen kann zu sehr negativen Gefühlen führen. In verschiedenen Kontrolltheorien gehen Wissenschaftler davon aus, dass Menschen Kontrolle unterschiedlich wahrnehmen, wobei es hierbei darum geht, inwieweit der Mensch glaubt, seine Umwelt zu kontrollieren bzw. inwieweit er von seiner Umwelt selbst kontrolliert und manipuliert wird. Hierbei spricht man vom »Locus of Control«.

Auch an den Finanzmärkten verspürt der Anleger ein großes Bedürfnis nach Kontrolle, wobei es bei den Marktakteuren fünf unterschiedliche Formen der wahrgenommenen Kontrolle gibt. Diese fünf Formen werden nun im Folgenden vorgestellt, wobei die Stärke der Kontrolle mit jeder Form abnimmt.

Die stärkste Form der Kontrolle besitzt ein Anleger, wenn er das Gefühl hat, ein Ereignis maßgeblich beeinflusst zu haben. Wenn dieses Gefühl auftritt, ist das Bedürfnis nach Kontrolle beim Anleger vollständig befriedigt. Allerdings ist davon auszugehen, dass ein Anleger normalerweise dieses Gefühl niemals erleben wird, da es schlicht und einfach nicht möglich ist, in liquiden Märkten die Kurse zu beeinflussen. In illiquiden Märkten kann es durchaus vorkommen, dass kleinere Small-Caps (Unternehmen mit geringer Marktkapitalisierung) von größeren Investoren beeinflusst werden. Häufig ist auch zu beobachten, ist, dass Aktien mit einer sehr geringen Marktkapitalisierung von Börsenbriefen kurzzeitig manipuliert werden.

Auch großen Spekulanten, wie z. B. Hedgefonds, ist es nicht möglich, Kurse in liquiden Märkten langfristig zu beeinflussen. Es ist zwar durchaus möglich, dass die Aussagen von bestimmten Marktakteuren, wie z. B. Warren Buffett oder George Soros, die Märkte kurzfristig beeinflussen. Allerdings könnten sich auch ein Herr Buffett und ein Herr Soros an den Märkten mit ihren Positionen niemals durchsetzen, wenn es nicht eine wirtschaftliche bzw. volkswirtschaftliche Begründung für ihr Vorgehen gibt. George Soros hätte sich mit seiner Position gegen das britische Pfund zu Beginn der Neunziger Jahre niemals durchsetzen können, wenn das Pfund nicht in der Tat deutlich überbewertet gewesen wäre. Damals wettete er 10 Milliarden US-Dollar gegen das britische Pfund, konnte sich mit seiner Position am Ende durchsetzen und verbuchte dadurch einen Milliarden-Gewinn. Allerdings konnte er sich nur durchsetzen, weil das Pfund wirklich überbewertet war.

Die Kontrolle durch Vorhersage ist die zweitstärkste Form von Kontrolle und sagt aus, dass, wenn ein Ereignis in gewisser Weise prognostizierbar ist, sich der Mensch darauf einstellen und dementsprechend handeln kann. In diesem Fall kann der Mensch zwar das Ereignis nicht direkt beeinflussen, wie bei der ersten Form. Doch besitzt der Mensch hier die Kontrolle über die Vorhersehbarkeit und kann entsprechend agieren. Diese Kontrolle besitzt der Mensch aber nur, wenn er sich vollständig sicher sein kann, dass ein spezielles Ereignis wirklich vorhersehbar ist.

Genau wie die erste Form ist auch diese Form der Kontrolle an den Finanzmärkten nicht denkbar, da sich der Verlauf der Kurse nicht vorhersehen lässt. Dabei spielt es keine Rolle, ob sich der Anleger den Märkten mit der Fundamental- oder mit der Technischen Analyse nähert. Er kann sich bei zukünftigen Kursverläufen niemals sicher sein. Theoretisch könnten nur Insider diese Kontrollform erreichen, da sie anhand ihres zusätzlichen Wissens den Aktienkursverlauf von einem bestimmten Unternehmen ziemlich sicher vorhersehen könnten. Insiderkäufe müssen daher jeden Tag gemeldet werden und es ist gesetzlich verboten, solche nicht öffentlichen, kursrelevanten Informationen unter der Hand weiterzugeben.

Die nächste schwächere Form von Kontrolle besteht in dem Glauben eines Anlegers, Kontrolle zu besitzen, wenn er nur genug Kenntnisse über alle möglichen

Einflussgrößen besitzt. Bei dieser Form von Kontrolle geht es nicht darum, einen Kursverlauf zu beeinflussen oder vorherzusagen, sondern darum, Bescheid zu wissen über alles, was den Kursverlauf beeinflussen könnte. In der Praxis ist es fast nicht möglich, dass ein Anleger vollständig über alle möglichen Einflussfaktoren eines Unternehmens informiert ist. Allerdings kann der Anleger durch möglichst viele Kenntnisse zu seinen Anlagen zu einem stärkeren Kontrollgefühl gelangen.

Bei der vierten Kontrollvariante versucht der Anleger ein Ereignis, dass in der Vergangenheit eingetreten ist, retrospektiv zu erklären. Der Anleger versucht also genau die Ursachen für bestimmte Kursverläufe zu analysieren, um dadurch bei ähnlichen Ereignissen in der Zukunft vorbereitet zu sein und dementsprechend handeln zu können. Wenn ein Investor z. B. die Ursachen für einen Aktien-Crash genau analysiert, wird er versuchen, bei einer vergleichbaren Situation in der Zukunft dementsprechend richtig zu handeln und bereits im Vorfeld seine Aktien verkaufen bzw. Short-Positionen aufbauen. Er kennt die Ursachen für den letzten Crash und wird somit das Gefühl haben, die Situation beim nächsten Crash unter Kontrolle zu haben. Die große Gefahr, die hierbei entsteht, ist, dass der Anleger bei der Suche nach der Ursache für einen bestimmten Kursverlauf oder Crash häufig die erstbeste Erklärung hernimmt. Er gibt sich mit dieser erstbesten Erklärung zufrieden, weil er möglichst schnell die Ursache herausfinden will, um in Zukunft die Kontrolle über eine ähnliche Situation zu haben. Das Kontrollbedürfnis drängt also den Anleger, eine vorschnelle Erklärung heranzuziehen.

Die fünfte und schwächste Form von Kontrolle ist die Fähigkeit des Anlegers, seine Fehler und Verluste schönzureden. In diesem Fall drängt das Kontrollbedürfnis den Anleger dazu, seine Fehler, also unschöne Ereignisse, möglichst schnell zu vergessen. Hinzu kommt, dass der Anleger versucht, sich bei seinen Fehlern auf die geringen positiven Aspekte zu konzentrieren. Die selektive Wahrnehmung, die bereits vorgestellt wurde, ist ein Beispiel für diese fünfte Kontrollvariante. Der Anleger liegt z. B. mit seinen Aktien deutlich im Verlust und versucht nach positiven Unternehmensnachrichten Ausschau zu halten. Gleichzeitig werden die negativen Nachrichten nicht wahrgenommen bzw. schöngeredet.

Wie man Verluste am besten schön redet, gibt folgendes Zitat vom Buchautor Leroy Gross wieder: »Honey, it´s only a paper loss. Just wait, it will come back.«

Wenn Anleger glauben, die Märkte kontrollieren bzw. vorhersehen zu können, spricht man auch von »Overconfidence«. Es ist an den Finanzmärkten nicht ungewöhnlich, dass bei einigen Marktteilnehmern das Selbstvertrauen ihren Wissensstand übertrifft. Einige Anleger bilden sich ein, ein großes Wissen über die Finanzmärkte zu besitzen, obwohl vielleicht sehr viele Anleger nur ein sehr oberflächliches Wissen über die Finanzwelt haben. Allerdings gilt das nicht nur für unerfahrene Privatanleger. Viele Marktakteure leiden unter der Kontrollillusion und überschätzen die eigenen Fähigkeiten.

Im Mai 2012 musste die amerikanische Großbank J. P. Morgan bekannt geben, dass sie innerhalb von nur wenigen Wochen ca. 3 Milliarden Dollar verloren hatte. Die Investmentbank hatte sich mit Kreditausfallversicherungen verspekuliert und dabei konnte man noch nicht sicher sein, ob der Verlust nicht noch größer ausfallen würde. Nur eine Woche später wurde bekannt, dass die Verluste der Großbank auf 7 Milliarden Dollar angewachsen waren. Dieser Vorfall zeigt, dass auch erfahrene Marktteilnehmer unter einer Kontrollillusion bzw. »Overconfidence« leiden. J. P. Morgan ist hierbei kein Einzelfall.

Eines der besten Beispiele für Kontrollillusion bzw. die Überschätzung der eigenen Fähigkeiten, ist der Hedgefonds Long Term Capital Management (LTCM), der im Spätsommer 1998 die Finanzwelt in Atem hielt. LTCM war in den Jahren zuvor ein sehr erfolgreicher Hedgefonds geworden. Mit einer Bilanzsumme von 1,25 Billionen US-Dollar war er auch einer der größten. Die Jahre 1997 und 1998 waren für die komplette Weltwirtschaft eine sehr turbulente Zeit, und aus Sicht des Managements von LTCM, kam es an den Finanzmärkten zu einigen irrationalen Verwerfungen, die man ausnutzen wollte. LTCM wollte hierbei mit einer sehr riskanten und komplexen Arbitrage-Strategie die globalen Verwerfungen ausnutzen. Ohne jetzt hier genau auf diese Strategie einzugehen, vertraute LTCM auf die Tatsache, dass die Finanzmärkte zu Effizienz neigen und dass es nur kurzfristig zu einem irrationalen Verhalten von Marktakteuren käme. LTCM ging bei diesem Geschäft eine hohe Position ein, mit der die komplette Bilanzsumme extrem hoch gehebelt wurde. Bei einer Bilanzsumme von 1,25 Billionen US-Dollar konnte LTCM lediglich 5 Milliarden US-Dollar Eigenkapital vorweisen. Das Eigenkapital wurde also mit dem Faktor 250 gehebelt.

Entgegen der felsenfesten Überzeugung des LTCM-Managements verhielten sich die Märkte weiterhin ineffizient. LTCM verlor allein im August 1998 über 3 Milliarden US-Dollar. Aufgrund der hohen Bilanzsumme und aus Angst, es könnte zu großen Verwerfungen an den Finanzmärkten kommen, wurde der Hedgefonds von mehreren großen Wall-Street-Instituten gerettet. Dass LTCM in nur kurzer Zeit völlig die Kontrolle über ihre Positionen verlor und einfach die eigenen Fähigkeiten falsch eingeschätzt hatte, muss hierbei nicht weiter erörtert werden.

Das Phänomen der »Overconfidence« findet man allerdings nicht nur an den Finanzmärkten, sondern auch im alltäglichen Leben. Es ist für viele Menschen typisch, die eigenen Fähigkeiten zu überschätzen. Eine sehr bekannte Statistik ist, dass zwischen 65 und 80 Prozent aller Autofahrer denken, sie würden besser fahren als der Durchschnitt.

Die fünf Formen von Kontrolle treten bei vielen Marktteilnehmern regelmäßig auf. Sie lassen Anleger regelmäßig denken, dass sie bestimmte Situationen steuern und kontrollieren könnten, was allerdings in der Realität nicht der Fall ist. Hierbei spricht man in der Fachliteratur auch von Kontrollillusion. Auch wenn der Anleger glaubt, mit seinen Entscheidungen das Marktgeschehen zu kontrollieren, wird ihn irgendwann die Realität einholen und er wird seinen Kontrollverlust nicht mehr übersehen können. Dies könnte beim Anleger zu einer akuten Stresssituation führen.

Praxistipp für Trader: Ein Händler kann zu jeder Zeit immer nur zwei Sachen kontrollieren: sein Risiko und seine Emotionen. Über alles andere hat er keine Kontrolle, und dies muss er auch akzeptieren. Über das Risiko-Management haben wir bereits ausführlich gesprochen. Wie ein Trader seine Emotionen kontrollieren kann – dieses Thema werden wir am Ende dieses Kapitels ebenfalls noch behandeln.

6 Herdenverhalten

Der Mensch ist oft dazu geneigt, sich der Mehrheitsmeinung anzuschließen, da er nicht aus der Gesellschaft bzw. dem Freundeskreis isoliert werden möchte. Auch dies ist ein Urinstinkt des Menschen, da man vor langer Zeit sicherlich deutlich bessere Chancen hatte zu überleben, wenn man sich einer Gruppe oder Herde anschloss, anstatt als Einzelgänger unterwegs zu sein. Dieses Verhalten kann man bei vielen verschiedenen Tierarten beobachten.

Auch heutzutage, im alltäglichen Leben, lässt sich immer wieder feststellen, dass Menschen ungern eine andere Meinung vertreten als die Mehrheit. Schon in jungen Jahren müssen Kinder feststellen, dass es der bessere und einfachere

Weg ist, im Unterricht die Meinung des Lehrers bzw. die Meinung der Mehrheit zu übernehmen, anstatt lautstark seine eigene Meinung kundzutun. Auch hier strebt ein Schüler stets nach Harmonie und möchte nicht aus der Klassengemeinschaft isoliert werden, nur weil er vielleicht zu bestimmten Dingen eine andere Ansicht hat.

Wenn man das Herdenverhalten versteht, ist es auch nachvollziehbar, warum es so häufig zu Spekulationsblasen an den Finanzmärkten kommt. Als Beispiel sei hier die Immobilienblase in den USA genannt, die letztlich zur Finanzkrise 2007/2008 führte.

In den Jahren von 1997 bis 2006 stiegen die Grundstückspreise in den Vereinigten Staaten in jedem Jahr an, und ab dem Jahr 2000 vollzog sich dieser Anstieg zudem sehr rasant. In diesem Zeitraum konnte man nicht nur beobachten, dass die Immobilienpreise steigen, sondern auch, dass viele Menschen mit Immobilien viel Geld verdienten. Auf diese Weise Geld zu verdienen, schien sehr einfach zu sein, weil es den Anschein hatte, die Immobilienpreise wären vorhersehbar. Wenn Immobilienpreise also vorhersehbar wären, dann würde es durchaus Sinn machen, bei seiner Bank einen Kredit aufzunehmen, damit dann eine Immobilie zu kaufen und diese Immobilie ein oder zwei Jahre später, wenn sie wie erwartet an Wert gewonnen hätte, ganz einfach wieder verkaufen. In diesem Szenario hätte der Betreffende kein Problem, den Kredit zurückzuzahlen und zugleich noch einen guten Gewinn zu erwirtschaften.

Dies erschien vielen Menschen logisch. Entsprechendes konnte auf dem Immobilienmarkt Jahr für Jahr beobachtet werden. Da jeder gerne auf einfache Weise Geld verdienen möchte, beteiligten sich im Laufe der Jahre immer mehr Menschen an dem Immobilienboom, und die Spekulationsblase wuchs immer weiter an. Gleichzeitig wurde natürlich auch in den Medien von diesem Immobilienboom berichtet, sodass sich noch mehr Menschen von dieser Euphorie anstecken ließen. Es entstand eine soziale Ansteckung durch das Boom-Denken bei den Amerikanern und es erweckte für viele den Anschein, dass es ganz leicht sei, mit Häusern Geld zu verdienen. Wenn das noch nicht Grund genug war, sich an dem Häuserwahnsinn zu beteiligen, dann konnte man auch noch hören, wie die wichtigsten politischen Persönlichkeiten im Land sich positiv über die künftige Entwicklung auf dem Häusermarkt äußerten.

Präsident George Bush lobte 2005 den Boom mit den Worten: »Die Hypothekenzinsen sind niedrig. Und die Hausbesitzerquote in den Vereinigten Staaten hat im vergangenen Jahr Rekordniveau erreicht.« Im selben Jahr setzte der heutige Chef der US-Notenbank, Ben Bernanke, noch einen drauf, indem er sagte: »Die Immobilienpreise sind in den vergangenen zwei Jahren um fast 25 Prozent gestiegen. Zwar hat die Spekulationsaktivität in manchen Gebieten zugenommen, aber auf nationaler Ebene spiegeln die Preisanstiege vor allem die starken wirtschaftlichen Fundamentaldaten wider, unter anderem die gestiegene Zahl der Arbeitsplätze, gestiegene Einkommen, niedrige Hypothekenzinsen, stetige Haushaltsgründungen und Faktoren, die in manchen Gebieten das Wachstum des Häuserangebots verhindern.« Bernanke verharmloste in seiner Aussage die zunehmenden Spekulationsaktivitäten und nannte stattdessen die starke amerikanische Wirtschaft als Grund für die rasant ansteigenden Immobilienpreise. Sollte man nicht meinen, dass die vermeidlich klügsten Köpfe in den USA die Gefahr des Häuserbooms hätten erkennen sollen oder waren die möglichen Risiken einer Spekulationsblase vollkommen ignoriert worden? Entweder wusste Bernanke von der Gefahr der Spekulationsblase auf dem Immobilienmarkt und er wollte keine Schwarzmalerei betreiben, die in Boom-Phasen sicherlich ungern gesehen worden wäre, oder er unterlag bereits selbst der Euphorie des Immobilienmarktes.

Natürlich gab es noch weitere Faktoren, die die Häusermarkt-Blase in den USA begünstigten, so z. B. die Geldpolitik der Federal Reserve oder der stark anwachsende Handel mit Kreditderivaten.

Bei einer solchen Spekulationsblase, in der viele Menschen viel Geld verdienen, werden Analysen grundsätzlich weniger beachtet und Risiken rücken komplett in den Hintergrund. Anleger haben stattdessen in erster Linie die hohen Renditen vor Augen, und eine solche Einstellung wird bei einer langanhaltenden Blase auch noch belohnt. Der Erfolg führt schließlich zu einem erhöhten Selbstwertgefühl, obwohl die Beteiligten häufig gar keine eigenen Analysen ausgearbeitet haben, sondern einfach nur gemacht haben, was alle anderen auch taten. Hier spielt dann auch wieder das Stichwort »Overconfidence« eine wichtige Rolle, da man als Anleger, im obigen Fall als Immobilienanleger, jahrelang viel Geld verdiente und somit die eigenen Fähigkeiten gründlich überschätzte.

Beim typischen Herdenverhalten an den Finanzmärkten ist es grundsätzlich egal, um was für eine Anlage es sich handelt. Ähnliche Faktoren wie bei der US-Immobilienblase spielten sicherlich auch bei der Dotcom-Blase eine wichtige Rolle. Auch hier verdienten zu Beginn viele Anleger sehr viel Geld, was dazu führte, dass mehr und mehr Anleger zu Internet-Aktien griffen.

Dass die Art der Anlage bei einer Spekulationsblase keine Rolle spielt, zeigt eine der ältesten und gleichzeitig wohl verrücktesten Spekulationsblasen der Geschichte der bereits erwähnten Tulpomanie.

Praxistipp für Trader: Als Trendfolger will ein Trader natürlich immer mit der Herde mitschwimmen. Aber der Einstieg sollte nicht irgendwo erfolgen, sondern ein guter Trader sucht sich immer die schönsten und lukrativsten Trends aus. Es verbietet sich, erst am Ende einer Bewegung einzusteigen, wenn alle anderen Marktteilnehmer bereits gekauft haben. Gleichzeitig spielt hier wieder das Thema eine Rolle, dass sich ein Händler niemals von anderen beeinflussen lassen sollte.

7 Emotionen kontrollieren

Bei allen Punkten, über die wir hier im Zusammenhang mit dem Thema »Behavioral Finance« besprochen haben, spielen in erster Linie unsere Emotionen eine entscheidende Rolle. Euphorie, Gier, Angst und Panik können beim Börsenhandel sehr schnell entstehen und sind ein Grund, warum so viele Trader langfristig Geld verlieren. Es gibt einige sehr einfache Mittel, wie ein Trader es jeden Tag schaffen kann, seine Emotionen zu kontrollieren.

7.1 Verantwortung und Disziplin

Ein Händler muss für seine Trades zu 100 Prozent Verantwortung übernehmen und darf, wenn er Verluste erleidet, niemals die Schuld dafür anderswo suchen. Eine häufig benutzte Ausrede von Tradern ist, dass der Markt gerade schwierig sei. Streichen Sie diese Ausrede ab sofort, denn sie wird Ihnen nicht helfen. Es gibt keine einfachen oder schwierigen Märkte, sondern es gibt nur Marktphasen, in denen ein Händler mehr klare Signale bekommt, und Marktphasen, in denen er weniger Setups handeln kann. Und in den Marktphasen, in denen ein Händler weniger Signale bekommt, muss er die Disziplin haben, nicht sinnlos im Chart herumzutraden. Dies ist einfacher gesagt als getan, denn als Trader will man ja schließlich immer Geld verdienen. Dies ist aber nicht jeden Tag möglich an den Märkten, und es gibt einfach Tage bzw. sogar Wochen, in denen ein Trader kaum eine Möglichkeit zum Geldverdienen bekommt. Dies ist in anderen Geschäftsfeldern allerdings genauso. Ein Unternehmen, das bestimmte Produkte oder Dienstleistungen anbietet, wird auch nicht jede Woche denselben Umsatz generieren. Wenn sich ein Trader dieser Tatsache bewusst wird, fällt es ihm leichter weniger zu handeln in Marktphasen, in denen es nicht so viele Signale gibt.

7.2 Dissoziierter Zustand

Eine sehr gute Übung, die jeder Trader in seinen Handelstag einbauen sollte, ist der sogenannte dissoziierte Zustand. Dies bedeutet, dass sich der Händler regelmäßig selbst beobachtet, um so seinen aktuellen Zustand zu kontrollieren. Wenn wir uns selbst beobachten, bekommen wir etwas Abstand zum gegenwärtigen Handelstag. Wir können auf diese Weise leichter feststellen, ob wir uns gerade in einem unproduktiven emotionalen Zustand befinden. Zum Beispiel verhindert ein Trader so, wie gebannt auf den Monitor zu starren und jeden Tick im Markt zu verfolgen. Wenn das der Fall ist, sollte der Händler sofort für eine kurze Zeit den Arbeitsplatz verlassen, denn egal, ob er ängstlich oder gierig auf den Chat starrt, es werden sich mit hoher Wahrscheinlichkeit Fehler einschleichen. Und Fehler führen immer zu Verlusten.

Beobachten Sie sich regelmäßig und achten Sie dabei auch auf Ihre Körperhaltung, denn unsere Körperhaltung verrät häufig, wie wir uns gerade fühlen. Kontrollieren Sie auch Ihre eigene Atmung. Atmen Sie tief ein und wieder aus, wenn Sie merken, dass Ihr mentaler Zustand gerade nicht so ist, wie er sein sollte. Die Kontrolle der eigenen Atmung ist eine sehr einfache Technik, die aber eine sehr große Wirkung haben kann.

Der dissoziierte Zustand kann Ihnen helfen, während des Handelstages Ihre Gefühle solange zu beherrschen, weil Sie einen negativen Zustand sofort erkennen.

7.3 Routinen und Konzentrationsphasen

Börsenhandel hat sehr viel mit Leistungssport gemeinsam. Auch am Ende eines Handelstages gibt es an der Börse immer Gewinner oder Verlierer. Jeden Tag findet ein Wettkampf zwischen den Marktteilnehmern statt, und genau wie im Sport muss es am Ende auch Verlierer geben, denn dass alle Marktteilnehmer Geld verdienen, ist nicht möglich. Und nicht nur Trader, sondern auch Sportler erliegen häufig ihren Emotionen. Der mentale Druck ist während eines Wettkampfes immer da, und deshalb ist es sehr wichtig, immer die Konzentration möglichst hoch zu halten. Um dies zu gewährleisten, entwickeln die meisten Sportler Routinen vor bzw. während des Wettkampfes, um sich konzentrieren zu können und gleichzeitig entspannt zu sein.

Der spanische Tennis-Spieler und 14-fache Grand-Slam-Sieger Rafael Nadal ist ein Meister der Routinen. Zwischen jedem Punkt macht er exakt dieselben Sachen bzw. vollführt dieselben Bewegungen. Er stellt sogar seine Wasserflaschen immer exakt im gleichen Abstand zueinander auf. Von Außenstehenden wird dies häufig als Aberglaube fehlinterpretiert. Stattdessen bringt sich Nadal mit seinen ganzen Routinen auf dem Tennisplatz in eine starke Konzentrationsphase. In diesem Zustand kann er dann seine Topleistung abrufen, wenn es notwendig ist.

Bei vielen anderen Sportlern lassen sich ähnliche Routinen erkennen. Als Trader sollten Sie auch jeden Tag bestimmte Routinen entwickeln, um in Ihre eigene Konzentrationsphase zu gelangen, in der Sie zwar aufmerksam bei der Arbeit sind, aber trotzdem ohne irgendeine Anspannung agieren. Um Ihre maximale Leistung abzurufen, müssen Sie sich beim Trading in einem produktiven Zustand befinden, in dem Sie Ihren Trading-Plan wie ein Roboter durchziehen können.

7.4 Eigener Trading-Stil

Wenn ein Händler seinen eigenen Trading-Stil gefunden hat, dann lässt er sich nicht mehr von anderen Sachen oder Meinungen beeinflussen. Er ist auch völlig unbeeindruckt von seinen Emotionen, da er genau weiß, dass er am Ende den Wettkampf als Sieger verlassen wird, wenn er seinen Plan durchzieht. Des Weiteren ist er auch nicht mehr auf der Suche nach dem Heiligen Gral im Trading, so wie es viele andere sind. Er handelt jeden Tag nur das, was er sieht, ohne irgendwelche Interpretationen oder Vermutungen. Er will auch nicht klüger sein als der Markt und gibt sich nicht der irrigen Hoffnung hin, mit dem nächsten Monster-Trade den ultimativen Gewinn einzufahren. Ein Händler, der seinen eigenen Trading-Stil gefunden hat, handelt jeden Tag zu 100 Prozent duplizierbare Trades und ist somit in der Lage, beständig Geld aus dem Markt zu ziehen.

Arbeiten Sie an Ihrem eigenen Trading-Stil. Finden Sie heraus, mit welchen Setups Sie sich am wohlsten fühlen. Den eigenen Stil zu finden, wird einige Zeit in Anspruch nehmen, und Sie sollten dies von Anfang an als langfristiges Projekt betrachten. Lassen Sie sich niemals von anderen Tradern beeinflussen, denn am Ende müssen Sie für jeden Ihrer Trades zu 100 Prozent die Verantwortung übernehmen.

Mit der mentalen Seite des Tradings beschäftigen sich Anfänger nur ungern, aber letzten Endes wird Ihre mentale Disziplin darüber entscheiden, ob Sie ein erfolgreicher Trader werden.

Versuchen Sie die Hinweise in diesem Kapitel schrittweise in Ihr Trading einzubauen und setzen Sie sich dabei nicht unter Druck. Einen Beruf zu erlernen, braucht Zeit, und das ist im Börsenhandel nicht anders.

SCHLUSSWORT

In diesem Buch werden die wichtigsten Grundlagen erklärt, die für den professionellen Börsenhandel vonnöten sind. Die Logik des Trendhandels ist hierbei die wichtigste technische Grundlage, die ein Börsenneuling verinnerlichen muss. Hierbei ist es vor allem notwendig, sich immer wieder in die anderen Marktteilnehmer hineinzuversetzen. Denn wir Trader haben keine Chance, liquide Märkte zu bewegen. Wir können lediglich die Möglichkeit nutzen, mit dem großen Kapital mitzuschwimmen und niemals dagegen zu handeln.

Den Autoren dieses Buches war es sehr wichtig, dem Leser auch konkrete Setups mitzugeben. Aber diese Setups werden dem Leser nicht viel weiterhelfen, wenn er die Logik dahinter nicht verstanden hat.

Die Kapitel über Risiko-Management und Psychologie sind hierbei genauso wichtig, denn hier lauern sehr viele Fehler, die speziell einem Trading-Anfänger leicht passieren. Wenn der Leser wirklich einen Nutzen aus diesem Buch ziehen will, dann ist es notwendig, es mehr als nur einmal zu lesen. Denn wer wirklich mit dem Gedanken spielt, den professionellen Börsenhandel zu erlernen, muss nicht nur Zeit, sondern auch sehr viel Energie mitbringen.

Der Weg zum professionellen Händler zu werden ist alles andere als leicht. Einer der berühmtesten Spekulanten der Welt, André Kostolany, sagte einmal: »Wäre der Börsenhandel leicht, dann gäbe es keine anderen Berufe mehr.«

Allerdings lohnt sich die Arbeit, denn der Börsenhandel ist die schwerste Art und Weise, um sein Geld leicht zu verdienen.

Das große Arbeitsbuch der Markttechnik

Michael Voigt

Mit seinem Bestseller *Das große Buch der Markttechnik* und der Buchreihe *DER HÄNDLER* hat Michael Voigt einen völlig neuen Weg beschritten, indem er Trading-Fachwissen mit der romanhaften Schilderung des Werdegangs eines jungen Traders verband. Mit dem großen Arbeitsbuch der Markttechnik gibt Michael Voigt Anfängern, Fortgeschrittenen und Profis nun ein weiteres einzigartiges Werk an die Hand.

Das große Arbeitsbuch der Markttechnik schließt genau an der Stelle an, an der viele andere Bücher aufhören – bei Aufgabenstellungen und Praxisbeispielen und häufigen Fehlern, die bei der Anwendung von bereits erlerntem Fachwissen auftreten. In einzigartiger Weise kombiniert das Arbeitsbuch den fachlichen Teil mit den Kernelementen des psychologischen Alltags als Händler und erlaubt dem Leser einen 360-Grad-Blick in der Kunst der Markttechnik.

480 Seiten | Hardcover | 39,99 € (D) | ISBN 978-3-89879-659-0
Mehr Informationen zu Tradingthemen finden Sie unter www.tradersjournal.de

Das Tradingtagebuch

Thomas Vittner

Einmal den Profis beim Traden über die Schulter zu schauen, ist der Wunsch vieler Trader. In seinem Tradinghandbuch bietet Thomas Vittner Ihnen nun erstmals die Möglichkeit, bei seinen täglichen Trading-Sessions »live« mit dabei zu sein. Dazu hat er seinen Tradingalltag einige Wochen lang akribisch aufgezeichnet.

Der Autor ermöglicht Ihnen nicht nur einen Blick durchs Schlüsselloch, sondern gibt Ihnen auch praktische Tipps, erläutert die Theorie hinter seinen Geschäften und zeigt, was und wie Sie als Trader aus Fehlschlägen lernen können. Seien Sie hautnah dabei und erfahren Sie aus erster Hand, was den Börsenhandel wirklich ausmacht. Ein Buch, dass Trading wirklich aus der Praxis zeigt.

Tradingpsychologie - So denken und handeln die Profis

Norman Welz

Der größte Feind des Traders ist die Angst. Wer Angst hat, verliert. Und beim Traden heißt das bares Geld. Finanzpsychologe, Mentaltrainer und Trader Norman Welz erklärt, was Angst im Tradingalltag anrichtet. Vor allem aber demonstriert er, wie sie sich beherrschen lässt. Er begleitet den Leser in seiner Entwicklung als Trader und zeigt viele praktische Wege auf, wie man Angst und Stress in den Griff bekommt, ausgeglichen wird und lernt, sich zu konzentrieren. So ist Börsenerfolg in Zukunft kein Zufallsprodukt einer positiven oder negativen Grundstimmung oder der persönlichen Disposition, sondern eine Folge kontrollierten Tradens.

Das Standardwerk enthält einen umfangreichen Überblick über die Psychologie des Tradens. Die klassische Evolutionsbiologie findet ebenso Anwendung wie Behavioral Finance, Persönlichkeitsforschung und die neuesten Erkenntnisse der Neurowissenschaften und der Angstforschung. Lernen Sie, wie Sie Angst als Stör- und Verlustfaktor beim Traden erkennen und beherrschen.